パパやママががんになったら

チャイルド・ライフの出会いから

藤井あけみ

生きることほど、
人生の疲れを癒してくれるものは、ない。

ウンベルト・サバ詩集「ミラノ」より
（須賀敦子訳　みすず書房）

目次

目　次

イラスト　三井ヤスシ

Part 1 パパやママががんになったら

パパやママががんになるということ

その昔、がんは高齢者の病気であった。しかし二〇一四年現在、がんは若い人々をも襲う病気になっている。三十代～五十代の死因の上位を占めるのもがんである。この年代は働く世代である。また多くが子育て世代でもある。つまり人は患者と親の両方の役割を同時並行で担うことになる。それはいったいどのようなことであろうか。

家の中で誰かががんになる。それは誰であっても家族全体に影響する。仮にそれが母親だとする。母子関係の基礎をつくる乳幼児期や学童期の子どもに直接的な影響があるのは当然であるが、実は中高生や大学生にとっても想像以上の痛手である。つまりどの年代の子どもにとっても、母親ががんになるということは、人生最大のピンチといっても過言ではない。父親の場合も母親に近い影響が考えられるが、さらに特記すべきことは、経済的な影響である。入院、治療、離職により生活が困窮するだけでなく、それにより子どもが自分の将来に不安を抱くようになり、明るい未来を描けなくなる可能性もある。

海外の文献では、一九六六年にChildren of Sick Parentsにおいて、「深刻な病気の親を持つ子どもは、精神衛生上のリスクが高い」と報告されている。一九九四年のOncology Nurse Forumでは、「がんの親を持つ子どもは、自尊心が低くなる頻度が高い」と言われ、二〇〇五年のPsycho-Oncologyには、「がんを患う親を持つ子どもは、不安や抑鬱を感じる率が高い」と記載されている。このように海外では、何十年も前から、病気の親を持つ子どものメンタルヘルスが研究されてきたのである。

さて、日本ではどうであろうか。私は二〇一四年六月までの三年三ヶ月、北海道大学病院に勤務していた。所属は腫瘍センター緩和ケアチームである。ここでの重要な業務のひとつが、子育て世代のがん患者とその家族の支援だった。

チャイルド・ライフ・スペシャリストの中心的役割は、人生のさまざまな困難に立ち向かう子どもを、病院または地域で心理社会的に支援することである。そうであるならば、がん患者の親を持つ子どもは、まさにその対象である。

ここで困難という言葉を用いたが、この状況はむしろ危機と呼ぶべきかもしれない。なぜなら親のがんは子どもに恐怖を与える。子どもの生きる基盤である安心の砦を失うかもしれないという恐怖を与えるのである。子どもは、親は絶対に死なないと思っている。よその人は死んでも自分の親だけは死なないと思っている。だから安心して生きていられるのである。それがぐらぐらと揺らぐ。絶対的な安心感が崩れる。これを危機と呼ばずに何と呼ぼう。

この恐怖を経験し、次に感じるのは悲しみである。親を失うかもしれないという悲しみは子どもを一瞬にして大人にしてしまう。天真爛漫に振る舞っていた子ども時代が過去のものとなるのである。

このような子どもたちは、親のがんによって、実際どのような影響を受けるだろうか。ここでは年齢別に特徴と影響を記載する。ただしそれらは大まかな枠組みであり、常にオーバーラップするものである。よって実際に子どもに接する時は、理論はいったん横に置いて、まっさらな心で子どもに寄り添い、その子のありのままを感じてほしい。

【1】子どもへの影響

(1) 乳幼児期（0歳〜5歳）

この時期の子どもは、まだ大人の言葉を完全に理解していないし、自分の思いを充分伝えることもできない。しかしだからといって何もわかっていないわけではない。むしろ幼い子どもは身体全体で世界を感じる。つまり全神経で不穏な空気を感じる。特に母親に何かあると、幼い子どもは自分が辛くなってしまう。そのくらいストレートに何かを感じる。乳児であれば、睡眠が浅くなったり食欲が落ちたりするし、幼児は情緒が不安定になり、ささいなことでイライラし、怒ったり泣いたりする。

(2) 学童期（6歳～12歳）

この時期の子どもは比較的安定していると言われている。実際、良い子になろうとする力が強く働き、無理して我慢をしてしまう子どもが多い。ポーカーフェイスを無意識に装うこともある。そのため周囲の大人——親や教師——はしばしば子どもの異変に気づかない。平気に振る舞う表情の奥にどれほどの心の痛みを抱えているだろうか。この年代の子どもと接する時は、一見、普通の中に潜んだ子どもの複雑な感情——不安、恐怖、悲しさ、淋しさ、無力感——を想像する力が必要である。

(3) 思春期（13歳～19歳）

生理的な変化の影響で自分自身の情緒も不安定になるこの時期に、親のがんはかなりきつい。親からの独立と依存の間を大きく揺れながら徐々に自立へ向かうこの時期に親の苦境を目の当たりにすることは、昇ってきた梯子を外されるようなものである。もう後戻りできない、甘えは許されない、無邪気な子ども時代には戻れない、ということを実感させられる。そこには本人が自覚する以上の強いストレスがかかっている。しかしそのどうしようもなく辛い気持ち、やるせなさ、絶望感を表現する機会はほとんどないのが現状である。

では、このような子どもたちにどう接したらよいのだろうか。年代別ではなく、すべての子どもにあてはまる概念を記する。

【2】接し方のポイント

(1) 子どもをひとりの人格として尊重する

何よりも大切なことは、子どもをひとりの人格として尊重すること。それはどういうことだろうか。それはつまり、真実を話すことだ。嘘をつかないことだ。どんな小さな子どもに対しても。むずかしい言葉は噛みくだいて易しい言葉に置き換えれば幼くても理解できる。ただしここでもっとも重要なのは、理解できる、できないではない。それよりも親の在り方だ。親が真剣に自分と向き合ってくれていると子どもが感じることが大事なのである。それによって子どもは自分が愛されていると実感する。そして自尊心という人生航路に不可欠なチケットを得ることができるのである。

(2) 子どもを闘病チームの一員にする

子どもを闘病チームのメンバーのひとりと位置づけ、自覚を持ってもらうことが大切である。お客さん扱いは一見大事にされているようで逆である。子どもはメンバーから外されたと疎外感を感じ、不安を強める。

よって最良の策は、子どもをアクティブな活動メンバーに任命し、無理のない範囲で役割を担ってもらうことである。これが長い闘病の道のりを歩む家族の理想の姿である。役割はどんなものでもよい。大きい子どもであれば、買い物持ち係、洗濯物たたみ係、お茶運び係など。小さい子どもであれば、「ママ大好き！」と言う係やハグする係でもいい。いずれにせよ、スタッフは全員ミーティングに参加する権利がある。親の治療の状況を聞き、自分の意見を言うことができる。（最終決定は当然本人だが。）

このように風通しの良い関係、ゆるやかにしかし確実に支え合う関係が家族のあいだで築かれることの意義は大きい。それは患者本人だけでなく、家族一人ひとりを支える。子どもも支えられる。しかし同時に、予想をはるかに上回るパワーで子どもは他のメンバーを支えるのである。

(3) 子どもの普通の生活を守る

大きな変化を支えるのは変わらない日常だ。親ががんになったという出来事に生活がまったく変わらないということはあり得ない。しかしだからこそあえて言いたい。

子どもにはできる限り、これまでに近い生活が続けられるよう配慮してほしい。幼稚園に迎えにいく人が母親から祖母に代わるかもしれない。しかし幼稚園に行くことは変わらない。授業参観に行く人が父親に代わるかもしれない。しかし授業参観には家の人が来るということは変わらない。部活や習い事も原則今まで通り続ける。年相応に遊んだり、友だちと過ごしたりする。つまり子どもは、親の状況にかかわらず、なるべくこれまでに近い生活が送れるよう配慮されることが望ましい。これが子どもに安心感を与える鍵である。

最後に「真実を話す」ことについて述べたい。患者さんに「真実を話すことが大切です」と言うと、「子どもにすべてを話すんですか」と聞かれることがあるが、そういうわけではない。嘘は言わないという大原則を守りつつ、次の二点を踏まえて話す。

ひとつは、話し手がリラックスして話せることを話すということ。無理に話すのはよくない。無理をすると心に余裕がないため、肝心の所でごまかしたり嘘をついたりしてしまう。それでは元も子もない。無理して一度に全部話す必要はない。少しずつでいいのである。

もうひとつは、次にあげる三つのCと呼ばれる要素を話に盛り込もう。これは、英語でがんを表すCANCERのCと、感染しないという意味のNOT CATCHEDのC、誰のせいでもないという意味のNOT CAUSEDのCである。具体的に述べる。

【3】三つのC

(1) がん

「がん」とはっきり言うことは、簡単なことではない。しかしここを曖昧にしては先へ進めない。「おなかの病気」、「バイキンが入った」などの言い方をしがちであるが、これはあまりお勧めできない。前者は問題をはぐらかしてしまうし、後者はそもそも正しくない。「がん」と口にすることは、勇気のいることである。しかし、だからこそ意義があるといえよう。子どもにしてみれば、大事なことを言ってくれた、つまり自分を信頼してくれたと感じるであろう。これこそが、親子関係をさらに確かなものにする。

真実は人を強める。人に力を与える。仮に無神経な近所の人から、「おかあさん、がんなんだって。可哀想にねえ」などと言われたとしても、真実を知る子どもであれば対応できる。「ご心配ありがとうございます。母は、良い病院で最善の治療を受けていますので、大丈夫です」と笑顔で言える。これが何も知らない子どもであったらどうだろう。近所の人から告知された形となり、そのショックは測り知れない。真実の情報は子どもの心を守る盾となる。大人はそれを与えるべく努力してほしい。

(2) 感染しない

子ども時代の病気の多くは感染症である。たとえば風邪、インフルエンザ、はしか。そのため子どもは、病気イコール移るものと思っているところがある。それだからいっそう、「がんは移らない」と伝えることが重要である。

幼い子どもにはさらに噛み砕いて、「ママと一緒にお風呂に入っても、一緒にご飯をたべても大丈夫なのよ」と伝えよう。高校生ならわかっているだろうと説明を省いてはいけない。はっきり言われることで安心感が得られるからである。

(3) 誰のせいでもない

自分や家族ががんになると、私たちは誰かのせい、何かのせいにしたくなる。そうでもしなければ、現実は辛すぎるからである。しかし、そのままでは物事は解決しない。むしろ「誰のせいでもない」という正反対の発想に切り替えない限り、先へは進めない。

子どもは特に、親の病気を自分のせいだと思いがちだ。「わたしが悪い子だったから、ママはがんになった」と七歳女子は考え、「オレが反抗したせいで、母さんはがんになった」と十五歳男子は嘆く。そこで、次のようにはっきりと言うことが大切である。「ママ（パパ）ががんになったのは、ママ（パパ）のせいではないし、あなたのせいでもない。誰のせいでもない。」さらに、「ママ（パパ）はあなたがいてくれるから頑張れる」と付け加えてもよい。

がんになったとき、「なぜ、わたしが」と誰でも思う。この答えはたいへん難しい。というよりも、これは永遠の謎かもしれない。そうであるならば、この迷路に入りこまない方が無難である。むしろ謎は謎として置いておいて、視線を前に向けよう。その大前提が「がんになったのは誰のせいでもない」という発想なのだ。

気づいた時が一番早い時である。人生、遅すぎるということはない。今からでも大丈夫。まず今日一日が最も素晴しい日になるよう、顔を上げてほしい。そしてあなたがこの世に存在する奇跡を味わっていただきたいと思う。

子どものツメ、切ったことないんです

はじめて友紀さんに会ったのは、北海道大学病院の外来治療センター。友紀さんが抗がん剤治療をしている時間、ベッドサイドにお邪魔した。友紀さんは四十代の大腸がんの患者さんで、夫と娘の三人家族。娘、莉奈《りな》ちゃんはまだ小学校一年生だ。

簡単な挨拶をしてほどなく、友紀さんはこう言った。「わたしね、一度も子どものツメ切ったことないんです。」私は一瞬呼吸が止まった。平静を保たなければと思いつつ、目を見開いてしまった。何と返答していいかわからなかった。言葉が出ない。すると友紀さんは、ふふっと笑ってからこう言った。「噛んじゃうんです。生える端から噛んじゃうの。」

私は、友紀さんに気づかれないように、ホッと小さく溜め息をついた。頬の緊張が緩んだのがわかった。育児放棄でなかったのだ。しかしその思いもつかの間、私の心臓はドキッとした。七歳の少女は、毎日毎晩、ツメを噛んできた。十本の指のツメに伸びる暇を与えないくらいに。私はかろうじて、「はあ」という間の抜けた相槌をうった。そんな私とは逆に、友紀さんは淡々としていた。「これってやっぱりおかしいですかね」と笑顔で言う。深刻な状況にはひどく不釣り合いな妙に明るい口調だった。

私がまだ答えあぐねていると、友紀さんは続けた。「うちの子、病気のこと、全然知らないの。病院に来るときはいつも、大丸デパートに行くって言ってるのよね。だから帰りにはいつも莉奈の好きなもの買って帰るの。」

これを聞いた私は言葉を失った。七歳の子どもが何も知らないとでも友紀さんは思っているのだろうか。ふつうに考えても何も知らないはずがない。莉奈ちゃんの心境を想像すると胸が詰まる思いだった。

たしかに友紀さんの病歴は長い。莉奈ちゃんの出産直後からなので、かれこれ七年になる。病気を抱えながらの子育てが日常だったに違いない。ときどき行く大丸デパートも、デパートの翌日の具合の悪さも自然といつもの日に組み込まれていたのだろう。この状況が「真実を伝える」決断をかえって難しくしていたのかもしれない。

ただし子どもの視点で考えると、事態はかなり深刻だ。莉奈ちゃんが抱えてきたであろう不安は半端ではない。おそらく日々のさまざまな瞬間に、あれ?と思ったのではないか。うちは友だちの家とどこか違うと。でもその不安を打ち明けられる人はいなかったのだ。その表出できない不安をまぎらわせる方法がツメ噛みだったのではないか。

「わたしね、一度も子どものツメ切ったことないんです」と話してくれた友紀さん。その普通過ぎる口調の裏にどれほどの苦悩があっただろう。まずは友紀さんの力にならなくてはと私は感じた。友紀さんの思いをもっと聞いて、友紀さんの希望が叶うようなお手伝いをしなくてはと思った。それがひいては莉奈ちゃんを支えることになると確信した。

次回も友紀さんの治療中に面談する約束をした。それまでの数週間、友紀さんが心も身体も辛くないように、そして莉奈ちゃんができるだけたくさん楽しい時間を過ごせるようにと祈らずにはいられなかった。

「お仕事であえない」って言いました

午後一番に10－1病棟から電話があった。ここは婦人科病棟である。ある患者さんが子どものことで困っているとのことだった。詳しい状況は病棟で聞くことにし、急いでエレベーターに乗った。ご本人に会う前に、受け持ち看護師から大まかな話を聞いた。患者さんは四十二歳。子宮がん治療中。今回は二回目の抗がん剤治療であった。ご家族は夫と娘がひとり。娘は四歳。幼稚園の年中さん。この娘さんの様子が最近おかしいというのである。早速、直接、話を聞くことにした。

香奈子さんは個室にいた。薄暗い部屋だった。小柄で線の細そうな人だった。髪はほとんど抜けているのか、淡いピンクの綿の帽子をかぶっていた。私は椅子に座り、目線を合わせた。香奈子さんは、「お忙しいところすみません」と小さくお辞儀をしてから、おもむろに語り出した。「一回目の抗がん剤治療が終わって退院した時から、娘の様子がおかしいんです。それまで私にべったりだったのに、全然甘えなくなったんです。というか、近寄ってもこないんです。娘はどうしたんでしょう。どうしたら直りますか？」これだけではよくわからないため、最初から話を聞くことにした。

香奈子さんは数ヶ月前に子宮がんと診断された。青天の霹靂だった。手術、抗がん剤と気持ちが追いつかないまま治療は始まり、子どものことを考える余裕はまったくなかったという。

ここまで聞いて、ひとつ気になっていたことを聞いてみた。「娘さんには何て言って入院しているんですか。」「会社に行くと言ってきました。前回も今回も。」私は「はあ」としか言えなかった。そんな私を見て、彼女は言った。「こんな風に言いました。朝早く、乃愛《のあ》が起きる前にママは会社に行って、夜遅く、乃愛が寝てから帰ってくるよ。だからママに会えなくても心配しないでねって。」「はあ……」と私は間の抜けた返事を繰り返した。すると香奈子さんは続けて言った。「やっぱり私、ヘンだったんでしょうか。入院前、というか今もですけど、何て言ったらいいかわからなくて……。」

なるほど。事情は理解できた。そこで私は聞いてみることにした。「ご自分でもちょっとヘンだと思うんですね。そうしたら今度は、本当のことが言えそうですか。」すると、香奈子さんの顔が強ばった。そして小さく首を振りながら、「む、むりです」と言うのだった。

話は振り出しに戻った。いったん絡まった糸は、そう簡単には解れない。しかしここで諦めることはしたくなかった。一番そう思っているのが香奈子さんだと思ったからだ。私は聞いた。「どうして無理だと思いますか。」香奈子さんは目を落として黙ってしまった。そして微かな声でこう言った。「思いたくないんです。自分ががんだって思いたくないんです。」

なるほど。やっとわかった。拗《ねじ》れた原因が。香奈子さん本人が事実を受け入れていなかったのだ。ここは待つしかない。たしかに過酷な現実なのだ。すぐに受け入れろという方が無理だ。そして、たとえ真実を告げることが子どもに必要だとしても、親を飛び越えて子どもにいくことはできない。急がば回れ。時間が良い仕事をしてくれることがある。私は明日の訪問時刻を伝え、退室した。

翌日。昨日と同じ時間帯に病室に向かった。香奈子さんは、あいさつもそこそこにこう言った。「きのう、あれからいろいろ考えたんです。それで、やっぱり、言うべきかなって思ったんです。」驚いたことに、香奈子さんはたった一日で決断していた。ここまできたらゴールは近い。

そこで私はひとつの方法を伝えた。それは「三つのC」というもの。これは、アルファベットの「C」がつく三つの英単語を軸に話を構成する方法だ。まず一つ目のCはCANCERのC、つまり「病気はがん」。二つ目のCはNOT CATCHEDのC、つまり「移らない」。三つ目のCはNOT CAUSEDのC、つまり「誰のせいでもない」

である。香奈子さんはメモをとりながら聞いていた。そして、「明日、退院なんです。ちゃんと話してみます」と笑顔になった。初めて見た香奈子さんの笑顔は明るく美しかった。

ハワイアンサンセット

目を閉じれば今も、ハワイの海岸で夕日を見つめる親子四人の後ろ姿が浮かんでくる。その大きな背中の持ち主が今回の主人公、徹さんである。徹さんはこのハワイ旅行の約一年前、二〇一〇年八月、大腸がんが見つかった。そして「何もしなければ半年、抗がん剤が効けば二年」と余命を宣告されたのだった。

徹さんと初めて会ったのは、立ち上げたばかりの手稲渓仁会病院「さくらんぼ会」でだ。大きな身体をぎゅっと縮めるようにして、おつれあいの歩美《あゆみ》さんに連れられて、遠慮がちに部屋に入ってきた。この日から約半年間、私は二つのがん患者サロンで徹さんと貴重な時間をすごした。

徹さんは四十三歳。建築関係の会社に勤めていた。子どもはふたり。上の子が小四の女子、果歩《かほ》ちゃん。下の子が小三の男子、淳《あつし》くん。徹さんは文字通り、一家の大黒柱。頼れる夫、優しい父親であった。そういう存在が、ある日突然、病に倒れる。それはまさに衝撃であった。家族の誰にとっても。もちろん子どもにとっても。本来、親の病気がわかった時点で、子どもにも必要な情報は適宜与えられるべきである。無論その子の年齢や理解度に合わせて。しかし現実は教科書通りにはいかない。子どもは混乱する大人の狭間で置き去りにされる。徹さんの場合もそうであった。父の突然の発病、繰り返す入退院、必死で看病する母。何も知らされない子どもたち。こうして時間だけが過ぎていった。

そんなある日、六月のなかばカフェ*で徹さんがこう語った。「私は抗がん剤の治療をやめて、四月から自宅療養しているんですが、最近、下の子が学校に行けてないんです。朝、頭が痛いとかお腹が痛いとか言って……。どうにか行ったと思っても、学校に着く前に戻ってきちゃったりで……。どうしたもんかなあと思ってるんです。」そこで私は聞いた。「徹さん、最近、淳くんとお話してますか。」すると徹さんは、「いやー、それが……」と首を振った。

しかし私はこれを聞いて実はホッとした。なぜなら今の淳くんの状態は、ある意味、当然の結果だと思ったからだ。淳くんは不安なのだ。自分が学校に行っている間、お父さんがいなくなってしまうのではないかと恐れているのだ。子どもは、その豊かな想像力ゆえに、往々にして実際より悪い状況を考える。親が自分のいない間に死んでしまうのではないかという思いにとらわれ、学校どころではない気持ちになるのである。

そこで私は、今の徹さんの状態を簡潔に伝えることを提案した。「病気はがんというもので、大腸に悪いかたまりができた。それを手術で取ったけれど、まだ残っていたので、薬でやっつけた。すると今度は薬が強すぎたので、今は薬をやめて身体を休ませてるところだよ」のように。徹さんは真剣に耳を傾け、「今度、やってみます」と言った。帰り際の徹さんの足取りは軽くなったようにみえた。

二週間後。ついにその日がやってきた。徹さん一家はオホーツク旅行に向かった。一泊目、サロマ湖畔のロッジで、夕食後、徹さんは子どもたちに話をした。予定していたことは全部伝えた。子どもたちは旅の疲れで途中からうとうとしてはいたのだが、ともかく徹さんは真実を伝えた。旅行後、不思議なほどすんなり、淳くんは学校に行くようになった。

そして九月。ハワイ旅行である。ハワイは徹さんと歩美さん夫妻が新婚旅行で訪れた思い出の地であった。ここにいつか家族で行きたいとふたりは漠然と考えていた。それが思いもかけないタイミングで訪れたのだ。徹さんの病状はかなり悪化していた。転移した肝臓の数値も日ごとに高まっていた。しかし、今しかないと徹さんは決めていた。医師からの英文診断書を携え、一家は一路ホノルルへ飛び立った。

「いや～疲れた。でも楽しかったですよ～!」と大きな笑顔で徹さんは戻ってきた。十月のわかばカフェは徹さん一家のハワイ旅行の話で持ち切りだった。なかでも写真集は圧巻だった。その中の一枚が冒頭のハワイアンサンセットである。家族四人がお揃いのTシャツで浜辺に座っている。その目線の先には今まさに沈まんとする太陽がある。その燦然とした輝き。明日の希望を伝える永遠の光。それはまさに、四十三年間の命を精一杯生き抜いた徹さんの人生そのものであった。

＊ 北海道大学病院腫瘍センターにおける、子育て世代のがん患者サロン。

かあちゃんが一番言いたかったこと

夜半、腹痛のため緊急入院した芙美子さんに会ったのは、二日後だった。痛みは鎮痛剤で押えられているのか、表情は穏やかであった。しかし目には不安が濃く、声には力がなかった。昨日、芙美子さんは、今回の状態は結腸がんの腹膜播種によるものだと医師から告げられた。私が芙美子さんのベッドサイドに腰かけるやいなや、芙美子さんは言った。「私、いよいよ悪いのかな。でも、まだ何もできてない。子どもたちにも何も言ってない……。」続きを言いたそうだったが、この日はそれ以上を言うことはなかった。私は明日も訪問する旨を告げ、退室した。

廊下を歩きながら私の心は波立っていた。時間がないという思いでいっぱいだった。

芙美子さんには二人の子どもがいる。小学生と中学生。子どもたちはこれまで、漠然とした不安を抱きつつも、同時にそれを否定してきたのではないだろうか。だとしたら、このままでは「突然の死」になってしまう。突然の死は、予期された死以上に人にダメージを与えると言われている。子どもにとってはなおさらだ。どうにかしてそれは避けたかった。廊下を歩きながら、私は自分の心臓の鼓動が速くなるのを止めることができなかった。

翌日、私はまず病棟の看護師に相談した。彼女も芙美子さんに時間がないこと、その限られた時間内に子どもへの告知を間に合わせなければならないことに同意してくれた。そして主治医とも相談した結果、子どもたちの父親、つまり芙美子さんの夫と私が話をすることになった。

芙美子さんの夫、正和さんとは初対面だった。そこで私は自分の経歴やチャイルド・ライフ・スペシャリストという職業についても簡単に紹介させてもらった。正和さんは地方公務員で、芙美子さんとは職場で知り合ったとのことだった。正和さんは、最初少し緊張している様子だったが、次第に穏やかな口調で、芙美子さんとの出会いの話から結婚のエピソードまで語ってくれた。ときにほほえみ、ときに涙ぐみながら。気がつくと一時間はとうに過ぎていた。そこで私は、言うべきことを切り出した。「芙美子さんがお子さんたちに、お子さんたちもお母さんにありがとうを言える時間が必要だと思うんです」と。正和さんは一瞬息を止め下を向いた。しかし次の瞬間、顔を上げ頷き、そして言った。「そうですね。」

それから私たちはこれからの段取りを話し合った。当然のことながら、「主体は芙美子さん」と確認した。私が一番気になったのは、芙美子さん自身が自分の予後をどう考えているかだった。正和さんは言った。「相当悪いことはわかっていると思います。でも、あとどのくらいとかは……。正直、私もわかりません。」

そこで正和さんは芙美子さんと話し合い、医師に面談を申し込んだ。この日の夕方、医師から予後を含んだ病状説明が行われた。受け持ち看護師と私も同席した。芙美子さんの希望で予後の数字は告げられなかったが、「いつ何が起きてもおかしくない状態」と医師は告げた。芙美子さんは気丈に振る舞っていたが、横顔はいつになく青白かった。

翌朝、病室へ向かうと、そこには芙美子さんの穏やかな笑顔があった。さらに、「子どもに今日の夕方話すことにしたんです。藤井さん、同席してくださいますか」という言葉が続き、私は目を見張った。聞くと、昨晩は遅くまで正和さんと話し合ったとのこと。芙美子さんもやっと決心がついたという。もともと勉強熱心で真面目な芙美子さんは、「子どもへの話し方、一緒に確認してもらっていいですか」と夕方の時間に向けてのシミュレーションに余念がなかった。

いよいよ時間になった。病室には正和さんと中学二年生の明菜ちゃん、小学校五年生の誠司くんがいた。さらに正和さんの姉、子どもたちにとっては伯母にあたる佳子さんがいた。私は子どもたちと佳子さんに挨拶してから入り口付近に腰をかけた。

芙美子さんは子どもたちを優しいまなざしで見つめ、息を整え、語り始めた。「今日は、かあちゃんからふたりに大事な話があります。かあちゃんの病気は、がんです。

聞いたことあるかな。がんっていうのは身体にできる悪いかたまりなんだけど、それがお腹にあって、他のところにもあります。だから、治すのは、ちょっと難しいです。」このとき、最初はふざけていた誠司くんがわーっと泣き出した。明菜ちゃんは最初から声を立てずに泣いていた。正和さんはそんな二人に言った。「泣きたかったら泣いていいんだぞ。父ちゃんだっていっぱい泣いたさ。」そんな三人を慈しみの表情で見つめ、芙美子さんは言葉を続けた。「それでね、かあちゃん、あんまり長くは生きられないかもしれない。もちろんあしたとか、そんなすぐじゃないよ。でもずーっとは生きられないかもしれない。」明菜ちゃんも堪えきれず声を上げて泣き出した。誠司くんは号泣になっていた。そんなふたりを芙美子さんは近くに来させ、頭を撫でた。次第に子どもたちの泣き声は小さくなっていった。

芙美子さんは続けた。「それでね、がんっていう病気のことだけど、これはね、人に移る病気じゃないよ。だから今まで通り、かあちゃんのところに来て大丈夫だからね。それから、これも大事なこと。あのね、がんになったのはね、誰かのせいじゃないよ。誰のせいでもないよ。とうちゃんのせいでもないし、小樽ばあちゃんのせいでもないんだよ。もちろん、あんたたちのせいじゃないからね。」ここまで話すと、芙美子さんはハー、ハー、と肩で息をした。

心配そうに芙美子さんを見つめていた正和さんが何か言おうとしたとき、芙美子さんはフーと大きく息をしてから続けた。「でもね、今日、かあちゃんがあんたたちに一番言いたかったことは、ありがとうってことなんだ。かあちゃん、あんたたちみたいな、いい子がいてくれて、ほんとに幸せだった。あんたたち、かあちゃんの子どもでいてくれて、ありがとう。」「かあちゃん！」と子どもたちは母に抱きついて泣いた。そんな子どもたちに正和さんが言った。「でもな、おまえたち、無理していい子になろうとしなくていいんだぞ。今のままでいいんだからな。」子どもたちは父の言葉に振り向き、少し笑った。

芙美子さんの話が終わったことを確認し、私は子どもたちを別室へ促した。そこには予め、色画用紙にシール、そしていろいろな筆記用具を用意していた。キツネにつまれたような顔をしている子どもたちに私は言った。「頑張ってるお母さんへ励ましのカードを作らない？」子どもたちの顔がぱっと明るくなった。ふたりは早速着手した。表紙はふたりとも「大好きなかあちゃんへ」だった。一時間近くかけて、カードが完成した。ふたりは意気揚々と母の待つ病室へ向かった。そして照れながらカードをプレゼントしたのだった。

翌朝、芙美子さんは私を手招きしていった。「子どもたちには内緒だけど、藤井さんに見せてあげる。」昨日のカードだった。そこには母への質問も書いてあった。明菜ちゃんは、「読んでおいた方がいい本は何ですか？」で、誠司くんは、「読んでおいた方がいいまんがは何ですか？」だった。私が思わず笑うと、芙美子さんも一緒に笑った。私たちはしばらく笑っていた。早春の淡い陽ざしが芙美子さんを優しく包みこんでいた。

わがままロンググッバイ・パーティ

ある日、勤務先に一通の手紙が届いた。美しい筆跡を見て驚いた。差出人が沙織さんだったからだ。沙織さんはつい数週間前まで私の勤務先の病院に入院していた。そして今は、市内の違う病院に入院中である。裏にはその病院の住所、病棟、病室が書いてあった。

手紙は、あるパーティへの招待状だった。そのタイトルは、「森下沙織のわがままロンググッバイ・パーティ」というもの。どきっ。速さを増す心臓の鼓動を感じながら、私は招待状を読んだ。そこには、「実は、少し元気なうちに会いたい人に会っておこうと思いたち、来月パーティを開くことにしました。（中略）悲しくなる生前葬ではなくて、明るく楽しく、飲んで、食べてというものです」とあった。

沙織さんは卵巣がんの患者さんで、約一年前から治療を受けていた。発見された時点でかなり進行していて、完治は困難と告げられていた。治療は想像以上に厳しいものだった。しかし沙織さんは必死で耐えた。それはひとえに、最愛の一人息子、光樹くんのためだった。八年前、夫と死別した沙織さんは、光樹くんを女手一つで育ててきた。だからこそ、チャイルド・ライフ・スペシャリストというがん患者の子どもをサポートするスタッフの存在を知るやいなや、面談の希望を病棟看護師に願い出たのだった。

ある夏の午後、私は入院中の沙織さんに会いに行った。沙織さんは小学校六年生の光樹くんの身を案じていた。光樹くんは過去に不登校の時期もあった。今は担任の先生にも恵まれ、叔母宅から登校しているが、沙織さんはこの心優しく繊細な息子のことが気になって仕方がないとのことだった。「私の病気をどう受けとめているかも気になります」と。そこで私は光樹くんと会ってみることにした。沙織さんはとても喜んでくれた。

二日後の夕方。学校帰りにお見舞いに来た光樹くんと会うことになった。ちょっとはにかんだ表情。けれどもいったん話し始めると、学校のこと、好きな遊びのことなどを次々に語り、またたく間に一時間が過ぎた。この日以降、沙織さんが退院するまでの二ヶ月間、週二回くらいのペースで、私は光樹くんとおしゃべりをしたり遊んだりした。

そんなある日。一緒にアイロンビーズをしていた時のこと。珍しく話題がお母さんのことに及んだ。すると彼はふと、こう言うのだった。「あのねえ、ぼくは覚悟できてるよ。でも、お母さんはできてるかなあ。」度肝を抜かれた。しかし平静を装ってこう言った。「覚悟？　覚悟かあ。光樹くん、できてるんだー。お母さん？　お母さんは、さあ、どうだろうね。」すると光樹くんは即座に、「できてないと思うよ！」と言ったのだ。そしてまた黙々とアイロンビーズを続けた。何事もなかったかのように。

翌週、沙織さんは退院した。私は光樹くんと会うこともなくなり、時は過ぎていった。手紙をもらったのはそんな矢先だった。私はすぐに返事をした。「よろこんで伺います」と。

当日は、爽やかな九月の日曜日。夕暮れ時だった。洒落た二階建ての洋館が会場だ。扉を開けると、すぐに沙織さんと光樹くんが出迎えてくれた。軽快な音楽ときらめくライト。皆、グラスを片手におしゃべりに夢中だ。このパーティの「ロンググッバイ」というフレーズは、片岡義男の小説からとったという。なるほど。沙織さんらしい。

指定されたテーブルにはすでに先客がいた。ひとりは光樹くんの担任の先生。もうひとりは沙織さんの幼なじみの牧師さん。ふたりからは、私の知らなかった光樹くんや沙織さんのほほえましいエピソードを聞いた。沙織さんは透明の羽根をつけた妖精のようにひらひらと皆の間を飛び歩いていた。

パーティはクライマックス。光樹くんによるビンゴゲーム大会。そしてフィナーレ。沙織さんがマイクの前に立った。曲は、キャロル・キングの You've Got a Friend（邦題「君の友だち」）だった。

When you're down and troubled
And you need some loving care
And nothing, nothing is going right
Close your eyes and think of me
And soon I will be there
To brighten up even your darkest night
You just call out of my name
And you know wherever I am
I'll come running to see you again

あなたが落ちこんだり　困ったとき

誰かが恋しくなったり　何もかもがうまくいかないとき
目を閉じて　わたしのことを思い出して
わたしはすぐそばに行くわ
どんな暗闇だって　わたしが明るく照らしてあげる
あなたはわたしの名を呼ぶだけでいいの
そうしたらわたしはどこにいたって
あなたのところに駆けつけるわ

心の奥まで染みわたるアルトだった。帰り道、私は気づいた。そうか。今日は光樹くんのためのパーティだったのだ。母から息子への置き土産だったのだ。光樹くんに、「君にはこんなにたくさんの友だちがいるよ。この人たちは君が困ったとき、駆けつけてくれるよ。だから安心してね」と伝えるための集まりだったのだ。それから二ヶ月後。沙織さんは光樹くんに見守られながら静かに天へ旅立った。

そして今、あのパーティに居合わせた者として思う。私は、「光樹くんの友だち」のひとりとして沙織さんに選ばれたのだと。近々、光樹くんに手紙を書いてみようと思う。

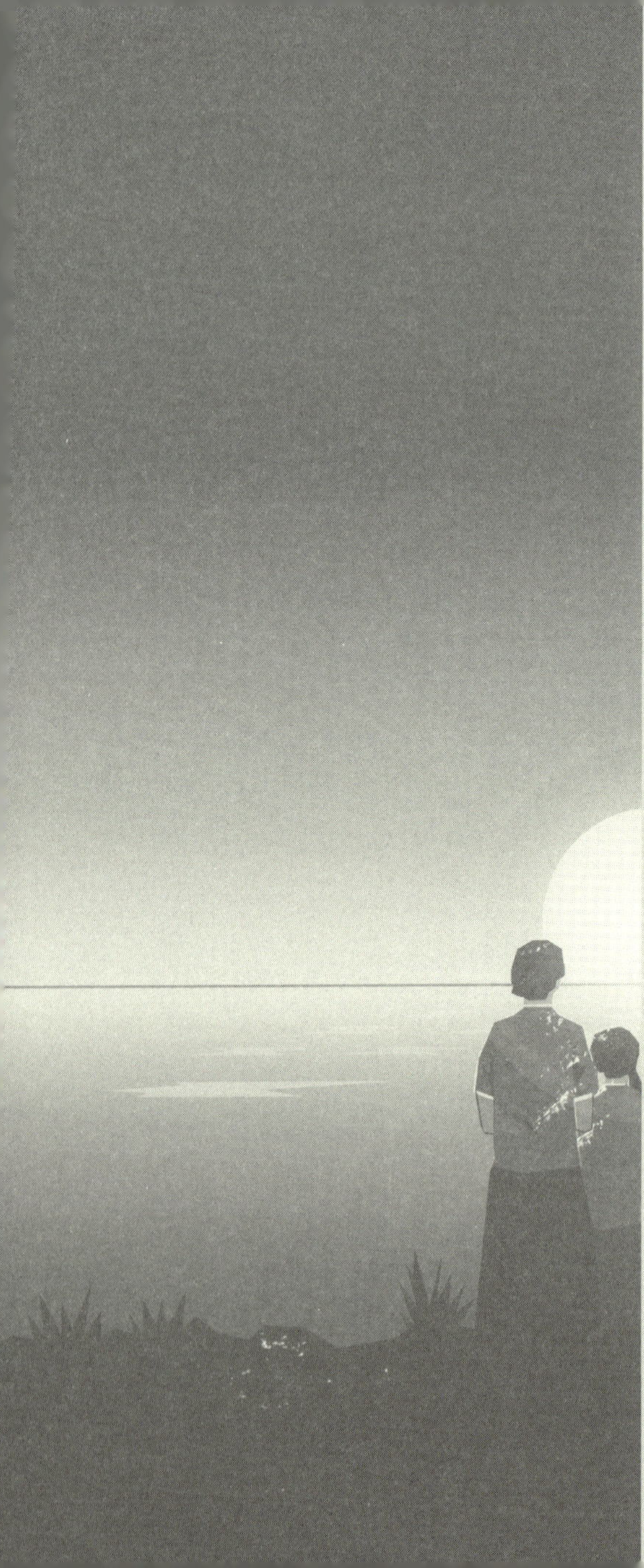

Part 2　生きるってどんなこと？

二歳の主張

かつて私が勤務した病院にモネちゃんという二歳の女の子がいた。神経芽細胞腫という小児がんの患者さんで、その治療のために入院していた。入院から三ヶ月過ぎたある日、突然、彼女は家族をことごとく拒否し始めた。父や祖父母に対して、「来ないでー。あっちに行って！」と叫び、「ひとりにしてー。ひとりがいい！」と泣き叫んだ。そしてついに母さえも拒否した。

両親から相談を受けた私は驚いた。しかし同時に、彼女をとても頼もしく感じた。

少し考える時間をもらい、私は可能な限りモネちゃんの気持ちに近づこうと想像をめぐらせた。

ある日、突然病院に連れていかれ、痛い注射を打たれ、手術をされる。なんと恐ろしいことだろう。わけのわからないことだろう。二歳だってひとりになって自分を取り戻したいと思うのではないか。

そこで私は提案した。モネちゃんが「ひとりにして」と言ったときは、その通りにしてあげてくださいと。翌日、両親はそのようにしてみた。「ひとりにして」とモネちゃんが言ったとき、「わかったわ」とその場を離れた。次の日も、その次の日もそれは続いた。するとそのとたん、モネちゃんは嘘のように静かになった。そのような日々が十日ほど続き、モネちゃんの「ひとりにして」は突然終わった。

「あれはいったい何だったんでしょうね」と後日、母は言った。「きっとモネちゃんがモネちゃんになるプロセスだったのでしょうね」と私は答えた。

二歳は自分を意識し始めるときであり、他者との葛藤は避けられない。まして入院という子どもの理解の枠を超える現実の中、モネちゃんの葛藤はピークに達したのだろう。一般に、二歳の主張はわがままにうつる。しかしこのわがままこそ成長のしるしである。

しばらくしたある日、プレイルームで遊んでいたとき、モネちゃんは言った。「モネちゃんねー、パパに『あっち行って！』って言った。」私が「あらまあ」と言うと、モネちゃんはククっと笑った。それはまるで過去の自分を楽しんでいるかのようであった。

三歳の告白

　病院には採血という検査がある。採血は針を刺す行為であるから痛い。子どもが逃げ出し泣くのは当然である。人間は本能的に危険なものからは逃げようとし、痛かったら泣くものだからである。つまり採血から逃げたいと思ったり泣いたりすることは、自然の理に適った現象である。しかしこれを許されない子どもがいる。「泣かないでがんばりなさい」と親から言われている子どもである。ルカちゃんもそんなひとりだった。

　三歳になったばかりのルカちゃんは、網膜芽細胞腫という目のがんを治すため、数ヶ月前から入退院を繰り返している。そしてその度に採血を受けている。

ある日のこと。病棟に続く廊下を歩いていると悲鳴が聞こえた。処置室からだ。声の主はルカちゃんだった。私は駆けつけるべきか一瞬迷ったが、途中からの関わりは難しいと諦め、スタッフステーションで待つことにした。

ほどなく泣き声は止み、ルカちゃんが廊下に出てきた。ルカちゃんは私の姿を見ると、ちょっと驚いたような顔をしたが、すぐに近よってきて言った。「ルカちゃんね、今日泣かなかったよ」と。あれ？　あの声は誰だったのかな、と思いながらも私は「そうだったのね」と言った。しかし私は忘れずにこうも付け加えた。「でもね、痛いときは泣いてもいいのよ。」するとルカちゃんは、目を見開き私の顔を見つめた。彼女はいつも母から泣かないように言われていた。

二週間後、ルカちゃんは外来の処置室にいた。待合室に大きな泣き声が響いていた。やがて出てきたルカちゃんは、私を見つけると真っすぐに走りよって、ささやいた。「あのね、ルカちゃんね、今日泣いたよ。」

この時のルカちゃんのすがすがしい顔。泣きたいときに泣けること。それをＯＫと認められること。さらにそんな自分を堂々と表現できること。そこにあるのは安心感。
自分と他者に対する信頼感。あの時のルカちゃんの告白を思い出すたび、すっと心が
軽くなり、思わず笑顔になる自分がいる。

普通のおかあさん

何が好きかと問われれば、「普通のおかあさん」と答える。その昔、小学生だった頃も、今も、私は普通のおかあさんに憧れている。

あれは小学校四年生の冬だった。ある日、学校から帰ると、家が違っていた。きれいで静かで温かだった。お友だちのアッコちゃんの家のように手作りのおやつがあった。甘い香りのスイートポテトだった。母が家にいると、こんなにも違うものかと驚いた。

母は、父と同じ医学研究所に勤務する薬剤師だった。外資系の研究所のため、土日は休みで残業なし。午後六時には両親揃って帰ってきていた。それでも幼い私は淋しかった。毎日、近所のエミちゃんやユウコちゃんと日が暮れるまで缶けりをして遊んでいた。それでもやはり淋しかった。父が日曜園芸で作った庭の長ネギや人参を弟と抜いて、お手伝いさんにきつく叱られたこともあった。

その冬、突然母が仕事を辞めたのには理由があった。私の中学受験のためだった。しかし理由なんてどうでもよかった。とにかく母が家にいるだけでよかった。普通のおかあさんになってくれただけでよかった。

時は流れ、私もある日、母になった。長時間の分娩で赤ん坊の娘も私も精根尽き果てていた。私は高熱を出しふらふらだった。涙が出て止まらなかった。不安だった。三日目、熱も落ち着きふたたび娘を抱いたとき、また涙が溢れた。愛おしくてたまらなかった。今すぐに死んでもいいと思えるほどの幸福感だった。

それから私はいつも娘を抱っこしていた。四六時中、年がら年中。赤ん坊の娘は、抱き癖どころか私以外の誰にもなつかなかった。それでも私と彼女は幸せだった。少なくとも私は満足だった。普通のお母さんの気分を味わっていたのかもしれない。そんな娘も今年、二十五歳になった。彼女もいつの日か母となるであろう。そのとき彼女は私を普通のおかあさんとして思い出してくれるだろうか。もしそうであったら、これほどうれしいことは人生にそうそうないと思う。

コップの法則

「子どもの権利条約」は子どもをわがままにする？

日本が「子どもの権利条約」を批准したとき、多くの大人は心配しました。子どもが権利ばかりを主張して、今まで以上にわがままになるのではないかと思ったのです。その最も強い根拠となったのが第十二条の「意見表明権」でした。第一項に「締結国は、自己の意見を形成する能力のある児童がその児童に影響を及ぼすすべての事項について自由に自己の意見を表明する権利を確保する。（後略）」とあります。つまりこれを知った子どもは、何でもかんでも言いたい放題になるのではないかと大人は恐れたわけです。

しかし幸か不幸か、現実は違いました。一九九四年三月に公表された東京都中野区の「子どもの権利意識」では、中学生、高校生と大人に近づくにつれて権利意識が希薄化する傾向が指摘されています。そして学校で発言の機会があってもしなかった子どもは、その理由として、「めんどうだった」、「やり方がわからなかった」、「どうせだめだと思った」と言っています。

この結果に私は少なからず衝撃を受けました。まだ人生を始めたばかりの十代の若者が、意見を言う前から「どうせだめだと思った」と諦めてしまうとは。この考え方はいったいどこから来ているのでしょう。おそらく幼い頃からの「言っても聞いてもらえなかった」という経験が積み重なって、「どうせ……」という考え方が形作られたのではないでしょうか。

気持ちと行動

では反対に、子どもの言うことをすべて聞けば良いのでしょうか。この点を明快に表現している次のような文章があります。“All feelings are permitted, but actions are limited.”（Faber & Mazlish）直訳しますと、「すべての感情は許される、しかし行動は制限される」となります。

たとえばデパートで「おもちゃ買って～」と駄々をこねている子どもに対しては、「おもちゃがすごくほしいのね」と優しく気持ちを聞きます。それからおもむろに「でもおもちゃは誕生日に買うことになっているでしょ。だから今日は買わないのよ」と静かに言います。これで一件落着です。子どもの泣き声も親の大きな声もありません。平和な休日の光景になります。

コップの法則

このような子どもの気持ちと行動の現象を私は、「コップの法則」と名づけました。コップとは子どもの心です。最初子どもの心には水（気持ち）がなみなみ入っています。ここにジュース（新しい考え）を入れることはできません。これがまさに子どもが駄々をこねている状態です。ここにジュースを入れるためには、水をどこかに移して、コップを空にしなくてはいけません。コップが空になれば、ジュースはトクトク良い音をたててコップに注がれるでしょう。子どもは心がさっぱりしましたから、新しい考えを受け入れることができるのです。

ここで一番大切なことは、気持ちはどんな気持ちでもぜんぶ聞くということなのです。うれしい、楽しいといった肯定的な気持ちだけでなく、悲しい、悔しい、憎いというような否定的な気持ちであっても。なぜなら気持ちは人格だからです。子どもそのものだからです。

どんな気持ちでも百パーセント受け入れてもらえた子どもは、自分の気持ちと同様に友だちの気持ちも大切なことがわかります。わがままな子どもにはなりたくてもなれなくなってしまうかもしれません。

となりびと

ウリエ　イウッソン　ヌグイルカヨ

「ウリエ　イウッソン　ヌグイルカヨ」とは、「となりびとはだれでしょう」という意味の韓国語です。これは、キリスト教の教会で歌われている讃美歌のひとつです。

（1）

となりびとは　だれでしょう、みんなともに　さがそうよ。

弱く貧しい　お友だち、病んで苦しむ　ひとたちも、

みんな同じ　となりびと、みんな同じ　となりびと。

（2）

となりびとに　なりましょう、みんなともに　考えよう。

つらいことも　ともにして、小さいことも　信じあう、

となりびとに　なりましょう、となりびとに　なりましょう。

以前、毎週日曜日、教会学校の教師をしていた頃、子どもたちとよく歌った讃美歌です。「となりびと」は深い言葉だと思います。物理的にとなりにいる人が必ずしも「となりびと」になるとは限りません。むしろ昨今のいじめ自殺や老人の孤独死を知ると、「となりびと」がいない我が国の現実が見えます。となりに人がいるのに「となりびと」がいない社会。なんて淋しい、なんて悲しい国でしょう。この国の状態はまともではありません。早急に手を打たなければいけません。でも何をしたらいいのか、自分は今、何ができるのか、自問する日々です。

中国人の看護師さん

数年前、勤務先の病院の食堂で、中国人の看護師さんと出会いました。彼女は、十五年くらい前に来日し、看護を学び、日本の看護師免許を取得していました。毎日一緒にお昼ご飯を食べるようになったある日、私は彼女が配属部署の看護師や医師から嫌がらせを受けていることを聞きました。毎日深夜にまで及ぶ量のレポート作成を強いられ、提出しては突き返され、睡眠時間は四時間を切っていました。さらに「邪魔」、「さっさと辞めたら」などの罵詈雑言を浴びせられていました。

そこで私たちは対策を考えました。根本的な問題は根深くあると思いましたが、現実的に今一番彼女に必要なことを考えました。それは配置転換を願い出ることでした。そこで院内人事に影響力があり、かつ人道的な上司を選び相談しました。幸い彼は彼女に同情と理解を示してくれ、一ヶ月後、彼女は配属を変わることができました。

大人が問題

二〇〇八年度の小・中・高・特別支援学校における いじめの認知件数は約八万五千件。これはあくまでも認知件数ですから、この数字の奥にはこの数倍、数十倍の涙を流す子どもがいるのです。また、いじめをすることで自らの心を汚している子どもがいるのです。

子どものいじめ問題、これはすべて大人の責任です。子どもは何でも大人から学びます。「となりびと」に手をさしのべない、むしろ異質のものを排除する大人から、人間関係の基本を学んでいます。子どもの問題を論じる前に、私たちはまず自分の心と行動を反省する必要があります。私たちは家庭や職場で、家族や同僚に思いやりを持って接しているでしょうか。困っている人、苦しんでいる人に手をさしのべているでしょうか。

見て見ぬふりをしてはいないでしょうか。マザー・テレサは、「愛は家庭から始まります。まず、家庭から始めてください。やがて外へと愛の輪が広がっていくでしょう」と言いました。一人ひとりが自分の身近な「となりびと」に愛と思いやりをもって接するとき、この世界は少しずつ優しく、あたたかく、住みやすくなっていくのではないでしょうか。

生きることは一緒に生きること

あのとき、彼女と私はお互いに「となりびと」だったのではないか思います。私は彼女に寄り添い、彼女から「寄り添う喜び」を与えてもらいました。偏見や差別に負けずに頑張る彼女から勇気と希望をもらいました。そして「となりびと」になるということは、お互いを幸せにすることなのだと知りました。人はひとりで生まれ、ひとりで死んでいきます。けれども生きている間は、「となりびと」と一緒に生きることが幸福な生き方ではないでしょうか。

彼女と私は今も良い友だちです。場所は遠く離れていても、心はいつもとなりにあります。彼女はいつまでも私の「となりびと」です。

無知は罪――専門家会議にて

先日、「IPA子どもの遊ぶ権利のための専門家会議 東京ラウンド」という集まり(注1)に招かれました。そこには全国から集められた二十数名の「子ども&遊びの専門家」がいました。今回のテーマは、「子どもの遊ぶ権利を阻害している要因は何か」でした。いろいろな要因があげられました。しかしメディア、特にゲームを第一の要因にあげたのは私だけでした。専門家のみなさんがゲームの弊害を知らないはずはありません。それなのになぜ、「ゲームは危険だよ。子どもから本来の遊びを奪ってしまうよ。いつの間にか子ども自身を壊してしまうよ」と訴えないのでしょうか。結局、沈黙は消極的容認。つまり専門家といえども、ゲームの恐ろしさを本当には知らないのでしょう。

かつて、麻薬の一種であるコカインは、ヨーロッパ社会に歓喜の声をあげて迎えられました。けれども次第にその中毒症状が明らかになり、診療にコカインを用いていた精神分析医のフロイトも慌てて使用を中止したといわれています。知らないことは恐ろしい。無知は罪なのです。

遊べない四歳

以前勤務していた東京のある病院でのことです。四歳の海《かい》くんという男の子がいました。彼は小児がんの一種である神経芽細胞腫を患い、入院期間もかれこれ三ヶ月を越えていました。私は毎日、海くんと遊ぶ時間を持つように心がけていました。プレイルームに誘ったり、病室に遊び道具を運んだりしていろいろ試みました。ところが海くん。なかなか遊ばないのです。どんな遊びも最初だけ。すぐに「やーめた」と中断してしまいます。特に具合が悪いわけでもなさそうです。なぜならベッドに戻るなり、嬉々として携帯用ゲーム機を手にするからです。そして毎日数時間。彼は超人的な集中力でゲームをしていました。

海くんは確かにゲームでは遊んでいました。しかしそれ以外の、いわゆる普通の四歳がする遊びはほとんどしませんでした。おままごとはおろか、ブロックもお絵描きも。入院という特殊な環境の影響もあったのかもしれません。辛い治療を乗り越えるためには、現実を一瞬で飛び越えさせてくれるバーチャルな世界が魅力的だったのかもしれません。しかしそれは、やはりベストではなかっただろうと思います。海くんの顔にはいつもクマがあり疲れていました。今考えると、やはりそれはおかしかったのです。それもそのはず。海くんの頭の中ではまさに戦争が起こっていたのです。ゲームの刺激が未完成な脳の中に神経伝達物質を過剰放出させ、混乱を起こしていたのです。

ダメなことにははっきりダメと

精神科医の岡田尊司さんは、著書の中で、ゲーム制作者ハラウンド氏の言葉を引用して、「ゲームは最高の叡智を傾けて、中毒を起こしやすく設計された一種の『合成麻薬』(注2)」と述べています。麻薬ですから中毒になります。依存症にも陥ります。そして止めると禁断症状が出ます。そしていつか子どもを廃人にしてしまうのです。

「予防に勝る治療なし」といいます。開始時期が早ければ早い程、子どもに与える害も大きいので、乳幼児期はテレビとビデオの視聴を控える、ゲームは十歳までは与えない、などの明確な指針を打ち出すことも必要ではないかと思います。そうはっきり言うためにはまず勉強。不勉強のままではゲーム制作者に対抗できません。大人が無知では子どもを守ることができません。

岡田さんは言います。「ダメなこと、危険なこと、麻薬的なことには、はっきりダメだと言ってほしい。その断固たる態度が、子どもを守り、強く育てるのだ。目の前の笑顔を見たさに、将来の笑顔を失うことのないように、心を鬼にして、踏ん張ってほしい。(注3)」

次回の専門家会議に向かって私も勉強を続けます。それが唯一、子どもを守ることに繋がるのですから。

（注1） International Play Association
（注2）『脳内汚染』文春文庫 p.100
（注3）『脳内汚染からの脱却』文春新書 p.329

一緒に背負う

友音さん

友音さんは、今、天国で何を思っているでしょうか。友音さんとは松木友音（ともね）さんのこと。二〇〇五年九月九日、いじめを苦に教室で首を吊り、自殺をはかりました。そのとき、一命はとりとめましたが、翌年一月に亡くなりました。北海道滝川市の小学校六年生でした。現場には遺書が残されていたにもかかわらず、当初、市の教育委員会や学校は、いじめを認めませんでした。約一年後、いじめを認め一応の謝罪は行われましたが、遺族が知りたい真実は明かされませんでした。

そこで友音さんの遺族は、滝川市と北海道に対し裁判をおこしました。友音さんにいったい何があったのか、その真実を知るためには裁判しか方法がなかったからです。その努力が実り、二〇一〇年三月二十六日、原告側は画期的な和解を勝ち取りました。その和解文書の中で被告側は、「いじめが自殺につながることを予見できた」と自らの罪を認めました。そして滝川市は、いじめの再発予防と「第三者による調査機関」の設置を約束しました。北海道は、裁判の和解調書と遺族が書いた「教職員のみなさまへ」という文書を道内の教育委員会を通して教職員へ周知徹底することを約束しました。ここで一応、行政に対するけじめは示されました。しかし問題は、加害者の子どもたちへどのような対応がなされたかです。子どもたちは、友音さんの苦しみと死を自分自身の問題として考える機会を与えられたのでしょうか。

遺書

友音さんは七通の遺書を書き残しました。これはそのひとつ、同級生に向けて書いたものです。

「みんなは私のことがきらいでしたか？きもちわるかったですか？私は、みんなに冷たくされているような気がしました。それは、とても悲しくて苦しくて、たえられませんでした。なので私は自殺を考えました。（後略）」

なんと切ない哀しい訴えでしょうか。友音さんはきっと最後まで生きたかったのです。本当は死にたくなんかなかったのです。けれどもそうできなかった。辛すぎたのです。限界をこえていたのです。

この遺書を読んだ子どもたちのことが気になります。どこまで本気で受けとめたかが気になります。大人の対応も気になります。この友音さんの最後のメッセージをどこまで本気で受けとめることができるかが、残された子どもたちの今後の人生を決定すると思うからです。

一緒に背負う

『十字架』（注1）は、友音さんの事件と共通するテーマ、いじめ自殺とその周囲にいた子どもたちを扱っています。その中でジャーナリストの田原は次のように言います。

「でもやっぱりゆるせなかった。きみらっていうより、きみらをかばおうとする、おとなのことがゆるせなかったんだよな（注2）」

友音さんの自殺を目の当たりにして動揺しなかった子どもはいないと思います。心に深く傷を負った子どももいるかもしれません。しかしそれは当然です。尊い友音さんの命が犠牲になったのですから。むしろ無傷であることの方が恐ろしいように思います。友音さんを積極的にいじめた子も見て見ぬふりをした子も、それぞれの十字架を背負わなければならないのです。重いでしょう。背負って歩くのはきついでしょう。

倒れそうになるかもしれません。そしてその時が親や周囲の大人の出番です。十字架を子どもの背中から外すのではなく、十字架を背負う子どもを背負うのです。自分たちが生み育てた子どもです。最後まで責任があります。十字架を親も子も一緒に背負って生きること。友音さんを一生忘れないこと。これが友音さんに対するせめてもの償いのような気がします。未来へつながる唯一の希望の道のような気がします。

（注1）『十字架』重松清著　講談社
（注2）『十字架』p.242

いじめ撲滅の大原則――ある大学にて

今回で三回目でした。北海道江別市の酪農学園大学で教育原理の特別講義を行ったのは。さまざまな学部学科の教職課程を履修している大学二年生、つまり教師志望の学生七十数人が集まっていました。

「先生になるみなさんへ」というこの日の講義内容は、①いじめ、②戦争、③体罰でした。事前にアンケートを実施したところ、返却のあった五十通のアンケートのうち、戦争も体罰も例外なく反対という人が十人いました。これは過去二回と比較しても多い数字でした。そこで私は期待をもって今回のメインテーマ、「いじめ」の問題に入っていきました。

いじめに関しては、次の四点に関してアンケートを取りました。①いじめを受けたことがある、②いじめをしたことがある、③知っていたが何もできなかった、④いじめを止めるために行動をおこした、です。結果は①が二十五、②が二十三、③が二十七、④が十三でした。これらの合計数はアンケート回答数の五十を上回っています。つまり学生の大多数がいじめを身近に体験してきたことがわかりました。

そこで私は聞きました。「いじめというのはいじめる方が悪いのであって、いじめられる方はまったく悪くないと思う人、挙手してください。」するとどうでしょう。何人が手を挙げたでしょう。答えは、ゼロ。ひとりもいなかったのです。「いじめられる方はまったく悪くない」と思う学生が、教職を志望する学生の中に一人もいなかったのです。

肝心なこと

私はしばらく呆然としてしまいました。少しして気持ちを立て直してから、私は正直な感想を述べました。「ちょっと今、驚いています。先生になりたいと思っている皆さんが、いじめはいじめられる方も悪いと思っていることに驚いています。これではいじめは永遠になくなりませんね。将来の皆さんのクラスでいじめがあったとして、皆さんのような先生ではいじめられている生徒を助けることはできませんね」と。

肝心なことは、「いじめはいじめる側が問題なのであって、いじめられる側に問題はない」という大原則をすべての人が認識することです。私はこれを教員採用試験に追加したいくらいです。そのくらい徹底しなければ、現代の陰湿極まるいじめを撲滅することはできないと思います。

真実をみる目

人間はいつも正しい判断をするわけではありません。マスコミも同様です。ですから私たちは常に「かくされた悪を注意深くこばむこと(注1)」に力を注がなくてはいけません。

マスコミの無責任な報道には特にチェックが必要です。軽いノリのタレントコメンテーターだけでなく、有識者とよばれる人々や政治家の中にも、「いじめはいじめられる方も悪い」という誤った考えを述べる人が未だにいます。そして知らず知らずのうちにその危険な考えは素直な一般人に影響を与え、結果的に恐ろしい世論を形成するのです。

どんな理由があるにせよ、戦争はする方が百パーセント悪く、体罰もする方が百パーセント悪いのと同様、いじめはする方が百パーセント悪いのです。この大原則を忘れてはいけないと思います。そしてどんな小さないじめも見逃さず、いじめられた子は徹底的に保護し、いじめた子には「きみのしたことはすごく悪いことだよ」と伝え、真剣に向き合うことを始めなければなりません。

戦争も体罰もいじめも暴力を肯定し、言葉を否定しています。この世界に非暴力による平和をもたらすための第一歩は、実はいじめの撲滅から始まります。いじめで苦しむ子どもをこれ以上つくらないために、私たち大人は、今こそ立ち上がろうではありませんか。

（注1）『谷川俊太郎詩選集1』 谷川俊太郎 集英社文庫 p.205

生きることは選ぶこと——みじめさに傷つく

病院というところは、子どもにとって選べる場所ではありません。大人であれば、最近はインターネットの情報も豊富ですから、病院や医師を選ぶことも可能です。しかし子どもの場合は事情が違います。急に悪くなるケースも多く、有無をいわさず処置が施されます。命を救うためには仕方がなかったとはいえ、この一方的な行為に子どもの心は傷つきます。

白衣の知らない人たちに囲まれて、ぎゅっと押えつけられて注射されるという経験は、恐ろしい経験だと思います。しかしそれだけではありません。子どもにとってこの出来事は、悲しくてみじめな体験なのです。このみじめな気持ちが子どもの自尊心を傷つけます。つまり心の傷となります。

ではいったいどうしたらいいのでしょう。本来は事前に充分な心のケアがなされるべきですが、そうできなかった場合は、事後のケアを提供します。その最も有効な方法が遊びです。

遊びの中で選ぶ

名古屋の病院に勤務していたとき、私は小児病棟のプレイルームの運営を任されていました。そこでまず考えたことは、部屋の中に四つのコーナーを作ることでした。ままごと遊び、お絵描き、ブロック遊び、日替わり遊びの各コーナーです。プレイルームが開くと同時にやってきた子どもたちは、たいてい入り口で一瞬立ちどまり、部屋をぐるりと見渡します。そしておもむろにどこかのコーナーに近よります。この一連の動作の中に、大切な「選ぶ」作業があります。遊びは子どもにとってごく自然なもので、プレイルームは安心安全な場所です。この中では子どもは何でも選べます。

大人は子どもの選びを百パーセント支持します。それが大事です。

選ぶとき、子どもは考えます。どれにしようかな、と。お絵描きひとつとっても選ぶことはたくさんあります。画用紙の色、クレヨンにしようかな、色えんぴつにしようかな、と。これは何でもないごく普通のことのように見えますが、実はこの過程で、子どもは心理社会的発達課題を見事にクリアしています。自律性を学び、自立性を身につけているのです。ほとんど無意識のうちに、子どもは「選べる自分」を感じています。自分は力のある存在なのだと身体で覚えていきます。これがみじめさに傷ついた心の回復にもつながります。

賢く選ぶ

大人の私たちは、自分では物事を選んでいると思っていますが、果たして本当にそうでしょうか。

たとえば予防接種。定期接種といわれているポリオ、ＤＰＴ（ジフテリア・百日せき・破傷風）、ＭＲ（麻しん・風しん）、日本脳炎、ＢＣＧなどは多くの子どもが受けているると思います。私自身、予防接種は必ず受けるものだと信じていました。しかし真実は違っていたのです。

一九九四年に予防接種法が改正され、接種を受けるか受けないかは、個人の自由意志で選ぶことができるようになり、さらにこれらの予防接種は受けない方が良いという情報もありました。(注1) これらは衝撃でした。

この教訓を念頭におきつつ、最近話題になっている子宮頸がん予防ワクチンについて調べてみました。するとここからも何やら不穏なにおいが……。あまり公になっていませんが、子宮頸がんワクチンにはかなり重篤な副反応があることがわかりました。(注2) ですからこれをお上の言われるままに子どもに受けさせるような愚かな行為は避けましょう。少なくとも本人が選ぶことができる環境を整えることは必須だと思います。

生きることは選ぶことの連続で疲れることもあります。しかしそれも人生の面白さのひとつでしょう。自分の心で感じて選ぶ人生を送りたいと思います。その姿勢が子どもたちにも伝わるものと信じています。

（注1）『予防接種に行く前に［改訂版］』編集代表：毛利子来・母里啓子　株式会社ジャパンマシニスト社

（注2）子宮頸がんワクチンについて　http://www.thinker-japan.com/hpv_vaccine.html

Part 3 いのちの教育

みなさま、こんにちは。藤井あけみと申します。これからのひととき、みなさまと一緒に、子どもたちが今よりももっと幸せに生きるためにはどうしたらいいか、私たちはそのために何ができるかということを考えてみたいと思います。よろしくお願いいたします。

それでは今日のメニューに移りたいと思います（**図1**）。今日はレジュメに沿ってこのようなことをお話いたします。途中でリラックスしていただけるよう、DVDタイムも設けております。みなさまのエクササイズもかねて手をあげていただいたりすることもありますので、楽しみに待っていてください。

図1

今日のメニュー

- 言葉の定義（いのち・教育）
- チャイルド・ライフ（理念、目的 etc……）
- 子どもの発達と死の理解について
- 学校でする「いのちの教育」

言葉の定義

いのち

今回、「いのちの教育」というたいへん大きなテーマをいただきましたが、そもそも私の職業の名前、「チャイルド・ライフ・スペシャリスト」に、「ライフ」という言葉がついているんですね。英語の辞書で調べましても、「ライフ」というのは、「生命」「寿命」「人生」「生涯」「元気」「最も大切な人」……とか、たくさんありまして、代表的なものでもこのようになっています**（図2）**。そういう点では非常に広くて深い言葉なんです。そのような言葉が職業の名前の中に入っているというのは、非常に重いといい

図2

言葉の定義　「いのち」

・まみちゃんのお話

・LIFE…生命、寿命、人生、生活、生涯、元気、最も大切な人

・いのちとは日々の営みすべてを指す

・いのちとは子どものすべて

ますか、責任のようなものを感じます。でもまた光栄にも思います。

では、まず、まみちゃんのお話をさせていただきます。まみちゃんは、二歳のときに急性リンパ性白血病になりました。ご両親はたった一人の娘であるまみちゃんを非常にかわいがっていました。まみちゃんは動物が大好きで、絵本も好きでした。ですから両親は、絵本を見せながら、「治ったら動物園に行こうね。だから頑張ろうね」と、まみちゃんに言っていました。ところが、まだ白血病の治療が難しい時代だったこともあり、三歳になる前にまみちゃんは亡くなってしまいました。動物園に行くことはかないませんでした。

まみちゃんが亡くなってから三〇年後、私はそのお父さんに出会いました。私が秋田に住んでいたときで、ちょうど雪解けの頃でした。近所に住んでいる親切なおじさんが、わが家の庭に砂場を作るとき、手伝ってくださったんです。その方があるときお茶を飲みにいらして、話をしていたらポツリと、「さっきなあ、まみの墓の土を踏んできた」と言うんです。毎年、ちょうど雪解けの頃にまみちゃんのお墓に行って、雪の下から顔を出した最初の土をはだしで踏むんだそうです。まみちゃんの話はそのときに聞きました。「まみの人生は病院で始まって病院で終わった」という言葉が心にしみました。

私は当時、特に子どもとか心理、教育にかかわっていたわけではありませんでした。それからしばらくしてアメリカに行ったとき、チャイルド・ライフという分野に出会い、そのときにまみちゃんのお父さんの言葉をふっと思い出したんです。私自身、病院というところが好きではなく、あまり良い印象はなかったのですが、アメリカでそのお父さんの言葉を思い出して、だったら病院をもっと良いところにしなければいけないのではないかと思ったのが、チャイルド・ライフを学ぼうと思ったきっかけです。

子どもたちにとって病院というのは、何も手を加えなければ、苦しくて辛い、マイナスがどんどん積み重なるような経験をする場所だと思うんですね。だからこそ、ここをどうにかしなければ、子どもたちに幸福な未来はないと思ったんです。どうにかしよう、どうにかできないだろうかという思いを抱いてチャイルド・ライフを学び始めました。

教育

次に、話の角度を変えて、教育ということについて考えてみたいと思います。私がチャイルド・ライフを学んだのは、実は教育学部においてなんです。大学院を卒業して日本に戻ってから、「どんな学部で学ばれたんですか」と聞かれて「教育学部です」と答えると、「何を教えているんですか」と必ずたずねられました。そこで「いいえ、私は何も教えていないんですよ」と言うと、相手の方はきょとんとされました。そうなんです。チャイルド・ライフというのは何かを教えるわけではないんです。

「教育」は、日本語では「教える」「育てる」と書きますが、英語ではエデュケーションといって、もともとラテン語のエデュケータスという言葉からきています（**図3**）。「e（エ）」というのが外へ出すという意味なんですね。子どもたちの中から素晴らしいもの、子どもたちの力を引き出すというのが、もともとの「教育」の意味なんです。そもそも子どもたちは何も知らないおバカな存在ではありません。おバカな存在なのでいろいろなものを教えてあげましょうというのとは真逆なんですね。子どもたちは素晴らしい宝を持っています。それを引き出すことが教育、そして引き出す人が教育者なんです。

チャイルド・ライフ

チャイルド・ライフ・スペシャルとは

チャイルド・ライフ・スペシャリストというのは、今から約半世紀前に始まった小児医療の専門職なんです（**図4**）。矛盾しているように感じられるかもしれませんが、小児医療の専門職でありながら、「医療行為を一切しない」というところがチャイルド・ライフ・スペシャリストの特徴な

図3

言葉の定義　教育
・教える？　育てる？　何を？　でも実際そんなことできるかしら？
・EDUCATE…ラテン語 educatus（e 外へ＋ ducere 導く＋ ate ＝能力を引き出す）
・教育とは何かを教えこむことではなく、子どもの力を引き出すこと

んです。

たとえば採血のときなどには、ディストラクションという手法（気をそらせて不安や恐怖を軽減する手法）を用います。採血で手を出すときに針のほうを見たい子もいるので、見ていてもいいんですが、ちょっと気をそらすと、よりリラックスできるとも言われています。そこで、採血の現場で、子どもたちにディストラクションを提供するということは日常業務なんです。

チャイルド・ライフ・スペシャリストの役割が十分に認識されていない頃は、看護師さんに「藤井さん、ちょっと子ども押さえて」

図 4

チャイルド・ライフ　① CLS とは？

・Child Life Specialist のこと
・米国で 1950 年代に始まった小児医療専門職
・病気の子どもと家族に心理社会的援助（psycho-social care）を提供する
・医療行為によって受けるかもしれない心理的外傷（trauma）に対して予防的に介入する
・子どもの対処能力（coping skill）を引き出す

と言われることがありました。看護師さんは忙しいし、人手不足だったりしますからね。でも、私は子どもを押さえるということはできないんです。押さえるというのは、実は固定という重要な医療行為にあたるので、私にはできないんですね。

この会場のロビーにある書籍販売のコーナーにも『子どもにやさしい病院』（小学館）という本が置いてあると思いますが、その中に魔法の薬という貼っておくだけで注射の針の痛みが和らぐ薬の話が載っています。この薬は一見、セロハンテープのようです。ですからそれを貼ることぐらいできるだろうと思われがちですが、私にはできません。それはリドカインという麻酔薬が含まれているもので、皮膚の感覚を鈍くします。商品名はペンレスというものです。私にはその薬の説明ならできるのですが、本物の薬を子どもに貼ることはできません。このように医療チームの中で協働して働いていますが、医療行為はしないという大原則を守っています。

それから、チャイルド・ライフ・スペシャリストというのは「予防的に介入する」という特徴を持っています。臨床心理士さんとの違いをときどき聞かれますが、そのひとつがこの点ではないかと思います。つまり臨床心理士の方は子どもの心の中でトラウマになってしまったこと、こじれてしまったことを解きほぐして治療するという役目があると思いますが、チャイルド・ライフ・スペシャリストはそのようなことはしません。私たちはむしろ、トラウマにならないように予防に重きを置いています。

病院でも抜き打ちテストのようなことがよくあります。突然「今からMRIだよ」とか、急に「じゃあ採血しよう」などと言われます。子どもはびっくりしてしまい、当然うまく対処することができません。本当は対処できる子でも、驚いてしまうからです。大人でも心の準備ができていないうちに急に検査になったらあわてます。子どもだったらなおさらです。病院では急に検査ということもしばしばあります。そのような時でも、少しでも事前に子どもに話して、その子が心を整えられるように努めています。

チャイルド・ライフの理念や目的

理念（図5）は、子どもが主役の小児医療の実現をめざすということです。理念として掲げているということは、まだそうなってはいないということです。どうしても病院というところは、大人の意見で物事が動いてしまうので、常に子どもの権利に着目して、それを擁護するように気を配っています。

この理念をフレーズにしてみました。「『子どもが主役』をカタチにしたらチャイルド・ライフになりました」というわけです（図6）。

次に目的（図7）です。それはまず、子どもが感じる不安や恐怖を軽減するということです。不安や恐怖を軽減し

図5

チャイルド・ライフ　②理念

・子どもが主役の小児医療の実現をめざす
・子どもが子どもらしく生きることのできる幸福な社会をめざす
・子どもの権利の擁護者として子どもを支援する

図6

「子どもが主役」をカタチにしたらチャイルド・ライフになりました。

た上で、その子の対処能力を引き出します。そして子どもがその子らしく生きられるように支援します。そして、もう一つ大事なことは、子どものマイナス体験をプラスに転換する手助けをするということです。

病院で子どもが出会うマイナス体験

実は、病院で子どもが出会うマイナス体験というのはたくさんあります（図8）。医療行為によるトラウマというのもあります。検査とか処置、たとえば採血、手術だってそうです。予期せぬトラブル――たとえば、手術したけれど、もう一度しなくてはならないとか、そういったこともあります。それから入院そのものに伴う苦痛もありま

図7

チャイルド・ライフ　③目的

- 子どもが感じる不安、恐怖を軽減し、その対処能力を引き出す
- 子どもの成長・発達を援助し、その子がその子らしく生きることができるように支援する
- 子どもの対処能力を引き出し、マイナスの体験をプラスに転換する手助けをする

す。横になって動いてはいけないとか、手術の前の絶飲食とか。

あるこども病院に勤めていたときのことです。こども病院というところは六歳以下の子どもがとても多いんです。それで手術はたいてい年齢の低い子どもから順番になります。ですから年上の子は朝ごはん、昼ごはん抜きで午後二時や三時まで待つこともあります。これは小学生でもとてもきついです。

さらに親や家族と離れていなければならなかったり、長期入院で退屈したり。それも苦痛です。

病気に伴う心の痛みとしては、容貌の変化というものがあります。小学校高学年から思春期の子どもは特につらいですが、小さい子どもでもつらいものです。小学校

図8

病院で子どもが出会うマイナス体験

・医療行為（手術、検査、処置）によるトラウマ

・入院に伴う苦痛…絶対安静、絶食、水分制限

・入院に付随する辛さ…親・家庭との分離、退屈

・病気に伴う心の痛み…傷跡、自己像の脆弱化

一年生の男の子が抗がん剤の影響で髪の毛が抜けるようになりました。ある朝、ベッドで横になっていたその子に「おはよう」と言ったのですが、その子は首も動かさないし頭も動かさないいんです。あれっと思ったのですが、そのときはそのままにしていました。後でその子が教えてくれたことは、おどろくべきことでした。つまり、少しでも首を動かしたり頭を持ち上げたりすると髪の毛がザッと抜けてしまう。それが怖いから動かなかったというのです。

「髪が命」という高校一年生の女の子もいました。顔にがんができてしまって、顔のがんをとるためには骨をザクッと削らなければならなかったんです。でもそうすると容貌がかなり変わってしまいます。それで手術はしないことにしたのですが、抗がん剤は避けられませんでした。そしてその影響ですごくきれいな黒髪がほとんど抜けてしまいました。抗がん剤治療が始まる前、彼女は、「髪が抜けるくらいなら死にます」と言いました。その気持ち、親ごさんもすごくわかったと思います。でも親は子どもにどうしても生きていてほしいので、本人と何度も話し合いました。私もスタッフのひとりとして話を聞きました。

ここまでは、がんの子どもの話をしてきましたが、心臓病の子どももいました。心臓の手術をすると、胸からおなかにかけて、スーッと傷が残ります。今はドクターの腕も上がっているので、うっすらとした線だけで、傷跡が残らない場合が多いです。けれども、そうではない場合もあります。ケロイド状の跡が残ってしまう場合もあります。

ですから、たとえば修学旅行のときも、大風呂だけではなく、部屋にもお風呂がついていて、そこを使ってもいいとか、プール学習でも、水着の上にTシャツを着てもいいとか、そのような工夫ができると、子どもたちの心の負担は少し軽くなるのではないかと思っています。

【体験談1】（図9）

今、心臓病について触れましたので、もう一つ、先天性の心臓病を患っていた女の子の話をします。この女の子とは私が名古屋の病院に勤めていたときに出会いました。

彼女は中学三年生で、患者さんとしてではなく、総合学習の授業で私を訪ねて来ました。チャイルド・ライフ・スペシャリストについて調べたいのでインタビューさせてほしいということで、友人の女の子と二人で来ました。そして話が全部終わったとき、彼女が言いました。

「私、実は小学校五年生のときに心臓カテーテルの検査をしたんです。でもその前の日の夜、本当に怖くて怖くて、ベッドの中で泣きました。隣にはお母さんがいたんですけど、お母さんに心配をかけちゃいけないので、声を出さないように泣きました。」

その当時、彼女は心臓カテーテルの検査がどん

図 9

体験談 1

- 小 5 のとき、心臓カテーテル検査をしました。検査の前夜、母に気づかれないようにベッドの中で泣きました。
- お医者さんや看護師さんには検査のことは聞きたくなかった。興味があるんだと思われて、もっといろいろされると思ったから。

なものかよくわからなかったそうです。あまりきちんとした説明がなかったのかもしれません。本当は聞きたかったけれど、お医者さんや看護婦さんには聞けなかったそうです。なぜかというと、「お医者さんとかに聞いたら、この子、興味を持っているんだなと思われて、もっといろいろされるんじゃないかと思いました」というのです。そして、「この話、今初めてしました。今まで誰にも話したことありませんでした」と言ったのです。

【体験談2】（図10）

次は心室中隔欠損症といって、簡単にいえば心臓に穴があいている病気の女の子の話です。六歳のA子ちゃんとは、ある東北のこども病院で出会いました。先ほど私は、チャイルド・ライフ・スペシャリストは予防的にかかわると申し上げましたが、それは手術を受ける子どもにもあてはまります。手術を受ける子どもには「探検ツアー」というものを提供していました。これは、手術前日に行いました。手術室まで歩いてみる、探検してみることで、要するにリハーサルのようなものです。行った先々でスタンプを押すいわゆるスタンプラリーもしていましたので、普通子どもはあまり嫌がらずに参加してくれていたんですが、A子ちゃんは、「行かない」とはっきり言うのです。

私はとても気になりました。きっと何かあるのだろうと思い、朝早めに家を出ました。幸い手術にはまだ時間がありました。ベッドの上でおとなしくしているA子ちゃんに、「A子ちゃん、怖いんだよね」と聞くと、「うん。みんなはね、眠ってる間に終わるから大丈夫って言うけど、眠ってる間に何されるかわからないから怖いの」と言ったのです。六歳の女の子。しっかりしていますよね。ごもっともと思って、A子ちゃんに「じゃあ、眠っている間に何されるのか、先生にお話してもらおうか？」と聞くとうなずくので、急遽ドクターに話をしてもらうことにしました。

図 10

体験談２

・６歳女子Ａ子ちゃん　心室中隔欠損症根治術

・みんな眠っている間に終わるっていうけど、眠っている間に何されるかわからないからこわいの。

心臓血管外科のドクターは大学病院から来た人でした。A子ちゃんに今日の手術の話をしてほしいとお願いすると、「えっ、僕、子どもに話したことないからできないです」と言うんです。でも、ここはこども病院なんですね。今まで大人相手だったかもしれませんが、ここはこども病院なので、子どもに話したことないからできないと言われても困るわけです。

「それじゃ先生、私が子ども役しますから、一回練習してみましょう」と言ってみました。すると、「はい、わかりました。じゃあ始めます」と言ってすぐにスタートしたのですが、なんと、「まず切って……」と言うんですね。「先生、『まず切って』というのはダメなんです。切るという言葉を使わないでいただけますか」とお願いしたら、すごく悩んじゃって、「うーん、切るところから始まるんですよね……」と言う。それはわかるんですけれど、子どもにとって「切る」というのは特別な言葉で、ハサミで切るとか、包丁で切るとか、痛い、血が出るといったイメージが頭の中に浮かんでしまいます。「切る」と言われただけで引いちゃうんです。

そこで、私が先生に「眠っている間に、開いて、治して、閉じるというのはどうですか」と提案したんです。よくよく考えるとそれも怖いんですが、さっと聞けばいいかしら（笑）。「心臓というのは、表面ではなくて体の中のほうにあるから開かないと見えないよね。眠っている間に開いて、心臓の穴があいているところを治して、開いたから、また最後に閉じるよって、そういう話をしたらどうでしょう」と言いました。すると先生は、困っていたというのもあると思いますが、「そうしましょう」ということになりました。そして、A子ちゃんにお話したら、素直な六歳は「うん、わかった。それならいい」と言うんです。ニコニコまではいかないですが、普通の顔をして「行ってきます」と言って、手術室に入っていきました。その後、退院して、今はとても元気に過ごしています。

【体験談3】（図11）

今度は、先天性心疾患で入院していた高校一年生のNくんの話です。Nくんは二人部屋だったのですが、私は同じ部屋の小学校三年生の男の子と何かして遊ぼうと思って、ある日病室に行ってみたんです。Nくんはそのとき、窓のほうを向いて布団をかぶっていましたから、様子もわかりませんでした。だいたい高校一年生というのは、こども病院の中ではすごくお兄さんなんですね。工作をしようと持ちかけるのも失礼な感じの年代なので、とりあえず小学校三年生の男の子に話しかけました。

ステンドグラスを簡単に作れるキットがあるんですね。小学校三年生の子に「やってみる?」と聞くと、「やるやる」と言う。「じゃ、いま道具をとってくるから待っててね」と言って、五分後に戻りました。すると、なんとNくんが起きあがっているんです。しかも「おはようございます。僕もやろうかな」

図 11

体験談3

・先天性心疾患で入院していた高校1年生Nくん
　顔色悪く、終日ベッドの中で過ごしていた

・ひょんなことからステンドグラス作りに夢中になる;「すごくおもしろい」と本人の弁

・母より「こういう仕事もいいんじゃない?」

と言うのです。

　このＮくんというのが、非常に芸術的な才能のある人だったんですね。今日、彼の作品をお見せできたらよかったんですが、とってもきれいなステンドグラスを作りました。看護師さんたちにも「上手ね」とか「きれいね」と言われていました。すごく夢中になって、消灯時間が過ぎてもやっていたら、看護師さんたちが特別に許可してくれたようです。Ｎくんは懐中電灯で手もとを照らしながらやっていたみたいです。

　その二日後、Ｎくんのお母さんとお話する機会がありました。Ｎくんは先天性の心疾患で、今回もチアノーゼ状態になって入院しました。お母さんは、彼が将来どんな仕事に就けるだろうかと心配していたのです。でも今回の息子の作品を見て、「こういうことが得意なら、それを仕事にしてもいいんじゃない？」と彼に言っていました。ステンドグラス作りそのものでなくても、手先を使った芸術的な仕事もいいんじゃないかとお母さんは思われたようでした。

　このＮくんのように、入院するとか病気になるというのは、ある意味マイナス体験ではありますが、それをバネにして人生をプラスの方向に転換していただけたらうれしいです。

子どもの発達と死の理解

次に、子どもの発達と死の理解についてお話いたします。

三〜五歳（図12）

まず三歳から五歳です。皆さまが接している子どもの多くは小学生以上だと思いますが、三歳から五歳の子どもの発達は、小学校低学年の子どもとオーバーラップするところもあるかと思います。

この年代の子どもは、「死」というものが一時的なものと思っています。つまり死んでも生き返ると思っています。ですから「おじいちゃんはいつ戻ってくるの？」と聞いたりします。そこでこの時期の子どもには曖昧な言葉を使わない方がいいのです。たとえば「おじいちゃんは眠ったのよ」と言うと、「いつ起きるの？」と聞かれます。

ですから「おじいちゃんは死んだのよ」とはっきり言うほうがいいですね。

「死」という言葉、アメリカではDワードと呼ばれているもの、つまりダイ（die）、ダイイング（dying）、デス（death）、そういう言葉をはっきりと言うのがよいとされています。なぜかというと、この時期は空想世界と現実がまざり合っています。そこであえて、おじいちゃんは死んだのだ、長く眠っているのとは違う、と言葉できちんと区別したほうがいいんです。日本人は「死」という言葉を避けたがる傾向がありますね。だからこそ、そこはあえてはっきりと言葉に出したほうがいいんです。

三歳から五歳というのは、人生の中で一番急速に

図 12

子どもの発達と死の理解　3～5歳

- 死は一時的で元に戻せるものだと思っている：「いつ戻ってくるの？」と聞いたりする
- ごちゃまぜの感情がある
- マジカルシンキングにより死は自分のせいだと思う

想像力が高まる時期です。幽霊やお化け、そういうものも信じます。現実世界と想像の世界を行ったり来たりもします。この時期特有の罪の意識というものが芽ばえます。たとえば、お母さんがＮＩＣＵ（新生児特定集中治療室）に入っている赤ちゃんにずっと付き添っていたとします。その赤ちゃんをハルカちゃんだとすると、「ハルカちゃんがボクのママをとった。ハルカちゃんなんか、いなくなっちゃえばいいんだ」と五歳のお兄ちゃんは思います。次の日、本当にハルカちゃんが死んでしまったとします。そうなったら大変。僕が思ったからハルカちゃんが死んだんだと思ってしまいます。

この年代は、ごっこ遊びが盛んになります（**図13**）。お人形やクマさんを使って自分が見た医療場面を再現したりします。心臓の手術をした子どもはクマさんの胸をおもちゃのメスで何回も切り、注射をたくさんされた子どもはお人形の腕に何度も注射します。このように自分が経験した医療行為をクマさんやお人形に再現する遊び（メディカル・プレイ）をこの年代の子たちはよくします。この時間はとても貴重です。遊びの中で自分の体験を追体験しながら現実を少しずつ理解していくのです。

ピアジェも言っていますが、子どもは新しい物事を知るとき、たとえば箱だとしたら、その箱をちょっとずつ違う角度から見て理解していきます。つまり子どもは、現実を少しずつ咀嚼《そしゃく》していきます。おじいちゃんが死ぬとか、妹が死ぬというのはたしかに理解しがたい現実なんですけれども、それを遊びの中で咀嚼していくことができればよいですね。ペットが亡くなったときなども、こういう遊びをする時間と空間、そしてそれを見守る大人がいると、すごくいいかなと思います。

また、この年代の子どもは、大人が泣いているのを見ると不思議に思います。そのときは「人は悲しいときには泣くのよ。それは自然なことな

図 13

態度の変化　3〜5歳

- 混乱、罪の意識
- ごっこ遊びの中でCPR（心肺蘇生）の場面を再現したりする
- 引きこもる
- イライラする
- 退行する

の。泣いてもいいのよ」と言ってください（**図14**）。お父さんやお母さんが泣くのもＯＫです。亡くなった子どものことを悲しんで泣きますよね。それはＯＫで、悲しいときは泣くということをそのまま伝えていいと思います。それから、死をテーマにした絵本を読んだり、絵を描いたり、そういう時間をもつことも大事です。

アプローチの仕方（**図15**）としては、事実に基づいて死の原因を説明します。死というのは原因があって起こると伝えます。たとえば病気が悪くなって死ぬとか、事故にあって死ぬと。原因を言わないと、「僕も朝起きたら死んでるのかな」と思ってしまいます。わからないことはわからない

図 14

子どもへのケア　３～５歳

- 人は悲しいとき泣く。それは自然なことと伝える
- 絵本を読んだり、絵を描いたりできる環境を創る
- 一対一で、または家族で対話をする時間を持つ
- 子どもは混乱しているとき、いわゆる「悪い子」になるものだと覚悟すること
- 「死」をテーマに含んだ遊びをする機会を持つこと

と正直に言っていいと思います。

六歳〜九歳

次は、小学校一年生から三年生ぐらいの子どもについてです**（図16）**。このくらいになると、死の不可逆性と普遍性がわかってきます。一度死んだら戻ってこないとか、その人だけに起こるのではなく、みんなに起こることだとかです。それでもまだ迷信的なものも信じています。子どもの発達というのは、その年齢になった日からパッと変わるというわけではなく、前の段階を引きずりながら変わっていきます。

小学生というのは感情を表現することが苦手な子どもが意外に多いんです。そしていい子になろう、頑張ろうという思いが強い年代なんです。だから自分の弱いとこ

図 15

アプローチの仕方　3〜5歳

- 事実に基づいて死の原因を説明する
- 質問には正直に応える
- 抽象的な表現は避ける
- 態度や言葉が首尾一貫していることが大切

ろとか、感情的なところを見せようとしません。大人に気を使います。普遍性ということがわかってくると、私のママも死んじゃうのかなとひそかに心配します。

ですから表面上は平静に見えても、内面はすごく動揺しているということがよくあります（図17）。また親の親になろうとします。たとえば自分の妹が亡くなった場合でも、親を慰めるんです。九歳の子が自分の母親に、「ママ、大丈夫だよ。僕がいるよ」とか「ママ、悲しいときは泣いていいよ」みたいに、まるで自分が親であるかのような態度をとります。それは立派に見えますが、やはり不自然なことで、子どもはかなり無理をしています。

図 16

子どもの発達と死の理解　6～9歳
・死の概念（不可逆性、普遍性）を理解し始める
・迷信的なものを信じることもある
・感情を表すことは苦手なことも多い
・また自分の大切な人が死んでしまうかもしれないと思う

この年代の子どもは、わざと派手な行動をとることもあります。また死にまつわる遊び、お葬式ごっこもよくします。不謹慎に感じられるかもしれませんが、これも子どもが死を理解するための一つの手段なのです。ですから、お葬式を遊びにしちゃダメとは思わずに、それは死を理解するプロセスなんだととらえていただければと思います。

六歳から九歳の子へのケア（**図18**）についてですが、このくらいの子が質問をするとき、その質問がそのまま質問ではないというか、その質問の中に質問があるというか。難しいんですけれども、質問の言葉どおりに受け取ると、ちょっと違ったりします。質問の真意というか、本当は何が聞き

図17

態度の変化　6～9歳

- 表面では気にしていないようであるが、内面では動揺している
- 否定という対処方法をとることもある
- 親の親になろうとする
- 学校や家庭で派手な行動をとる
- 死にまつわる遊び（葬式ごっこ）をする

たいのかなと考えながら対話をしていただけたらと思います。

また、自分の感情をあまり表わさない年代なので、「あなただったらどう思う？」のように聞くことによって、子どもが自分の感情に気づけるといいなと思います。

何かモヤモヤッとしている、何かうつうつとしているといった気持ちや感情を名づけることも有効です（**図19**）。たとえば「それは悲しいね」とか「つらいね」、「がっかりだよね」、「寂しいよね」、「ちょっと怖いこともあるよね」といったように、感情を言葉で表現する機会があるといいと思います。

九歳〜一二歳

九歳から一二歳になると、死は終わりであるというこ

図 18

子どもへのケア　6～9歳

・質問の中の「質問」を聴く

・自分の疑問に自分答えてみるように促す

「あなただったらどう思う?」などと聞くことによって、
　様々な感情に自分で気づくように促す

とは理解しています（**図20**）。そして自分も死んでしまうのではないかとか、死に対してその子なりの恐れの感情が出てきます。それから、これはなぜかわからないのですが、骸骨とか惨たらしい暴力致死とかに興味を持ったりもします。だからといってこの子たちが異常というわけではなくて、こういうことが普通にあるということを理解していただけたらと思います。それも彼らにとっては死というものを理解する一つの過程であると考えてください。

またこのくらいの年代の子は、死に直面しても、「自分は平気だよ」と言ったり、強そうにしたり、笑い飛ばしてみせたりすることもあります（**図21**）。けれども内面はそうではなくて、怖いとか悲しいと

図 19

アプローチの仕方　6～9歳
・子どもがどんな情報を得たいのかを把握する
・ストレスを軽減したり、対処の仕方を学ぶためには、身体を使ったアクティビティが有効
・「感情」を名づけてみる
・感情を創造的に外に出せるような機会を設ける

か、そういう感情を持っていることも多いんです。大人びた振る舞いをするときもあれば、その年齢より幼い振る舞いをするときもあります。思春期に入る前の年代、プリティーンは思春期同様、情緒が不安定な時期です。

さらに論理的な思考が発達する年代になってきますから、必要に応じて死の原因を正確にお話したほうがいいと思います（**図22**）。

実は病院においては、子どもの死というものが、最近まで抹殺されていたという事実があるのです。その抹殺とはどういうことなのかと申しますと……。

病棟で長い間、一緒に過ごしたB子ちゃんが、ある日の明け方、亡くなりました。ベッドが片付けられ、ネームプレートもとられて、朝を迎えました。その病棟、子

図 20

子どもの発達と死の理解　9～12 歳
- 死は終わりであると理解する
- 死に対してその子なりの恐れを抱く
- 骸骨や惨たらしい暴力致死に病的に興味を持ったりする

どもたちはみんな仲良しで、B子ちゃんの具合が悪いのも全員知っていました。個室に移ったことも知っていました。その子たちは朝になると「おはよう」を言いにB子ちゃんの部屋に行きます。もちろんB子ちゃんは具合が悪いので会えないのですが、看護師さんに「B子ちゃんどうしてる?」と聞いたりします。ところがその朝は、行ったらネープレートがないわけです。最初は「あれっ?」と思うんですけれど、次に「あっ」という空気が流れます。

そのとき、病棟に長くいる子どもたちは何も言いません。黙って自分の部屋に戻ります。でも入院したばかりの子は、「あれ?（B子ちゃんの名札が）ない！　B子ちゃん、どこ行ったの?」とか言います。看護師さんに

図 21

態度の変化　9～12歳

- 一見、強そうに、面白おかしく見えるように振る舞う
- 怒りや悲しみの感情を強調して表現することもある
- 大人のように振る舞うこともあれば、年齢より幼い感情表現をすることもある

「B子ちゃん、部屋変わったの?」とたずねます。すると看護師さんは、「退院したのよ」と言う。「えっ、退院したの? どうして? あんなに具合悪そうだったのに。歩いて帰ったの? 車椅子? お家に帰ったの?」と聞きます。

どういうことかというと、その病棟では、患者の死亡を公にできない、言葉にできないきまりがあったのです。当時、子どもが亡くなると、看護師の間では、「B子ちゃんが亡くなりました。子どもたちに聞かれたら『退院しました』と言いましょう」という申し送りがあったんです。それを入院期間が長い子

図 22

子どもへのケア　9〜12歳

・必要に応じて死の詳細、特に生理学的観点から死の原因を語ることも重要

・子どもの考えや感情をよくよく見極める

・霊的な発達を想定しておく

・死後の世界についての応答も用意しておく；たとえば「わたしも本当のところはよくわからないの、でもね…という風に信じているの」

は知っていますから、ネームプレートがなくなって「退院した」と言われたら、ああ、B子ちゃんは死んだんだなと心の中で思うわけです。そしてそれを口に出してはいけないということも暗黙の了解でわかっています。入院したばかりの子はそんなことは知らないので、「どうしたの？」「部屋変わったの？」「なんで退院できるの？」「僕、仲良しだったのに何も言わないで帰っちゃったの？」といったことを口にします。けれどもそのような質問をしていた子も次第に事情を知り、何も言わなくなっていきます。

私はアメリカから戻ってこの病院に行ったとき、衝撃を受けました。子どもたちは賢くて、B子ちゃんが使っていた抗がん剤の種類まで知っていました。ということは、その抗がん剤が自分のところにきたら、かなりきつい治療になるということもわかるわけです。そう、子どもたちは何でもわかっているんです。そのような環境で死を隠すということは、あまりにも不自然という気がしました。

私が勤めていたのは骨髄移植の件数では国内でトップに入るような病院でした。それでも意識は遅れていたわけです。「退院しました」というのが勤務当初の決まり文句でした。けれども、そのうち、「退院しました」でわかってしまうようになりました。それがまずいとなって、あるとき「転院しました」にしましょうということに（苦笑）。「ＩＣＵに行きました」とかもありました。その時々で変わるんですが、こんな口裏合わせのようなことをしなければならない病院というのはいったい何なんでしょうね。

子どもたちはそこからどういうメッセージを受けとるでしょう。僕も死んだらああやって言われるんだな、僕のことなんか名前も出してもらえないんだな、そんなふうに受け取るのではないでしょうか。

ではアメリカはどうだったかという話をします。私がインターンとして勤務していたカリフォルニア州オークランドのこども病院でのことです。あるときプレイルームでみんなで絵をかこうということになりました。そのとき先輩のチャイルド・ライフ・スペシャリストが、「先週亡くなったマイケルにお手紙書かない？」と言いました。するとその場にいた子どもたちは「天国にいるマイケルへ」と題した絵や手紙をかき始めたんです。マイケルを思い出して、レゴが得意だったよねとか、ニンジンが嫌いだったよねとか、そういうマイケルの思い出を話しながら、マイケルに絵や手紙をかくことができていたんです。全然違いますよね。もちろん文化の違いもあるのかもしれませんが、子どもたちが受ける影響は大きく異なると思います。

私も千葉のこども病院に移ってから、ようやく天国にいる友だちに手紙を書くということができました。ひとり、とても仲の良かった友だちを亡くした小学校二年生の男の子がいたんです。その子は、仲良しの子が死んでから、食欲も落ち、院内学級に行くことも拒否していました。そんなある日、プレイルームでぼーっとしていた彼に私は話しかけました。「ユウくんにお手紙書いてみる?」すると、「うん、書く」と言ったんです。そして本当にすてきな手紙を書きました。

その男の子はもう退院していますが、後日、作文の中でそのときの経験を「手紙が書けてよかった」と書いていました。

死をどう受け止めるかで、子どもたちの人生は変わってくると思います。死んだ友だちと一緒に過ごせたことに感謝し、その子の存在をずっと覚えていて、いつも自分を見守ってくれているんだ、だからその子の分まで頑張って生きようと、子どもたちがそういうふうに思える環境づくりをしたいと思います。

私が『いのちの時間』（新教出版社）という絵本を翻訳したのも、実はそのような思いからです。死というものは隠しておくものではないと思いました。死は誰にでもやってくるものです。もし死をいやなもの、忌み嫌うものとしたら、私たちの人生は最後は結局いやなもの、忌み嫌われるものになってしまいます。それでは悲しすぎますね。そうではなくて、死も生の一部であって、そこも含めていのちを肯定したいと思うんです。

ですから『いのちの時間』という絵本は、できれば学校で読んでいただきたい。実際、幼稚園での読み聞かせや小学校の総合学習、中学校の「いのちの授業」などで使っていただいています。もちろん病院で見てくださる方、借りてくださる方がいますが、できれば健康なときから死というものを考える機会を持っていただけたら、さらにうれしいです。

子どもから「死んだらどうなるの？」と聞かれることがあるかもしれません。そのときは正直な気持ちを言ってください。私はこんなふうに言うことがあります。「私もまだ一回も死んだことがないので、死んでどうなるかはよくわからないの。でもね、あちらの世界に行って戻ってきた人に会ったことがないので、あちらの世界はきっといいところだと思うのよ。」

『いのちの時間』に限らず、死を扱った絵本を日常的に子どもと味わうことは大切なことだと思います。

近ごろ、がんになる年齢が下がっています。そのためお父さんやお母さんを亡くす子どもが増えています。親を亡くした子どもは、クラスの友だちの前では平静を装い、なかなか自分の気持ちを話しません。ですから、同じような体験をした仲間と出会うことはよいことです（**図23**）。

また一周忌やお誕生日に、亡くなった人のお皿を用意してその人の好きなものを置くとか、クリスマスにその人を記念するオーナメント（飾り）を飾るとか、そうやって亡くなった人を覚える習慣も大事ではないかと思います。

学校でする「いのちの教育」

死は、私たちも体験していません。体験していないことを語るわけですからむずかしいのですが、一緒に学んでいくという姿勢で子どもたちと向き合っていただけたらと思います。

図 23

アプローチの仕方　9～12歳

- 感情を創造的に表出できるよう励ます
- ピアサポートグループを紹介し、仲間同士のコミュニケーションがはかれるように促す
- 各々の家庭における伝統や儀式を整える
- 子どもを儀式において一構成員として認める：単に葬儀のときだけでなく、一周忌や記念会など大事な会のときはいつでも（アメリカの例では、お墓に風船を持って行く、クリスマスツリーに飾る特別のオーナメント、お誕生日の記念ディナーなど）

いのちをテーマにした読書会の企画もいかがでしょうか。養護教諭の先生が他の先生方と連携して始めると、学校全体の雰囲気が変わってくるのではないかと思います（図24）。

図24の最後に、「いじめ撲滅のためのプロジェクトの企画」と書きました。実はこれはたいへん重要なことで、養護学校の先生方に期待するところが大きいんです。いのちというと漠然と聞こえますが、実は具体的で、目の前にいる子どものことなのだと思います。子どもをどれだけ大事にできるか、子ども同士であればお友だちをどれだけ大事にできるかが、つまりいのちをどれだけ大事にできる

図 24

学校でする「いのちの教育」
養護教諭の先生の役割
- 生徒も先生も癒される環境を創る
- 「あなたは大切な人」のメッセージを伝える環境を創る
- いのちにまつわる読書会の企画（図書室や国語の先生と協働して）
- いじめ撲滅のためのプロジェクトの企画

かということなんです。昨今、いじめはますます増え、いじめによる自殺など悲しい事件も後を絶ちません。いじめをなくすことに、そのためのプロジェクトを立ち上げることに、養護の先生はぜひ力を注いでいただきたいと思います。

いじめを放置すると、子どもを殺してしまうこともあるんです。ですから、ほんのちょっとでもいじめの兆しが見えたら介入するべきです。いじめを受けた子はきちんと保護して、いじめている子には「キミがしていることはすごく悪いことなんだよ」とはっきり言って、悪いことをしているという認識を持ってもらわないといけないと思います。どんなに言い訳しようとも、悪いことはやっぱり悪いことなので。

では最後に、少しエクササイズをしていただいてもよろしいでしょうか。いじめに関して、次の「一」か「二」のどちらかに挙手をしていただきます。

まず「一」は、「いじめというのは、いじめられるほうにも原因がある。いじめられるほうも悪いんだ」。続いて「二」は、「いじめというのは、いじめる側の問題であって、いじめられるほうは一〇〇パーセント悪くない」です。

気楽に考えていただいて、後で考えが変わってもいいんですが、今どういうふうに思われるのか。「一」の、いじめられるほうにも原因があるんじゃないかと思う方、どのくらいいらっしゃいますか……。半分ぐらいの方かな。では、「二」の、いじめる側の問題であって、いじめられるほうは一〇〇パーセント悪くないと思う方……。こちらのほうが若干多いような感じがしますね。どうもありがとうございました。

それでは、いじめに対する私の見解を申し上げますね。私は、「二」の意見なんです。いじめは、いじめる側が一〇〇パーセント問題だと考えています。いじめる子はよく「ムカついたからいじめた」とか言いますよね。ムカつくのは勝手です。ムカついてもいいんです。でも、いじめてはいけない。ムカついたら、お家に帰って枕を叩いたりしたらいいんです。お友だちを叩いてはダメなんです。小さい頃から、こういう感情のコントロールの仕方を学ぶ必要がありますね。

そして、とにかくいじめは、するほうが絶対的に悪いという事実を、親も教師も徹底して言い続けること。それがいじめを減らす有効な手段だと私は思います。

「さいごにふたこと」というところになるんですが、「ビー・センシティブ」(Be Sensitive)という言葉がありますよ **(図25)**。これはアメリカのある作家が言っていることの一部なんです。感じやすいということが、悪く言われることがあるかもしれませんが、この作家は、いくらでもセンシティブになってくださいい、いくらでも敏感になってくださいと言っています。敏感になることによってあなたが傷つくことがあるかもしれない。けれど、その対象の人はあなた以上に傷ついているんですよ、ということを言っています。

人と人とがかかわり合って生きていくというのは、そういうことだと思うんです。限りあるいのちを生

図25

さいごにふたこと

Be Sensitive.

You can make a difference.

きるとき、せっかくなのですから、たくさん感じて、たくさん悩んで、たくさん歓びを分かち合えたらと思います。

また、いつかどこかでみなさまとお会いできることを楽しみにしております。長い時間、ご清聴いただきまして、どうもありがとうございました。

あとがきにかえて

あるチャイルド・ライフ・スペシャリストの軌跡

私がチャイルド・ライフに出会ったのは、今から二十年前。一九九五年の春でした。当時、アメリカはカリフォルニア州バークレーに住んでいました。夫は神学を学ぶ留学生で博士論文執筆中。二人の子どもは現地の小学校に通う一年生と四年生でした。そんなある日、「あなたも何か勉強したかったんじゃない?」と夫に言われ、はっとしました。渡米前の気持ちを思い出しました。

大学卒業と同時に結婚した私は、いつか機会があったらもう一度勉強したいと思っていました。それは学部時代の専攻である歴史学ではなく、精神保健に関することでした。きっかけはひとつではありません。中学時代に心を病んだ友人の影響もありますし、夫の任地先の教会で出会った精神疾患を抱える友人たちとの出会いも関係しています。そんな折り、渡米一年前でしょうか、大熊一夫さんの精神病院潜入ドキュメンタリーである『ルポ・精神病棟』を読み、日本の精神医療の荒んだ現状に衝撃を受けました。この状態をどうにかできないものだろうか、心病む人々を監獄のような病院に閉じ込めるのではなく、病院の外で、地域で温かく見守る方法はないだろうかと考え始めました。

時は一九九二年。今思えば、イタリアではその一四年も前(一九七八年)に一八〇号法、いわゆるバザーリア法が成立し、精神病患者は病院から解放され、揚々と地域へ出て行きました。ただその頃の私にはイタリアの快挙を知る術もなく、アメリカにこそ未来を切り開く鍵があるのではないかと思っていました。

最初の滞在地はミシガン州のカラマズー、そしてホランドでした。ここでの二年間はすべてが新鮮で楽しい子ども中心の時間でした。そして一九九四年夏、夫の博士課程進学に伴いカリフォルニア州バークレーに転居。子どもたちはアメリカでの学校生活三年目。私も親として、アメリカの学校、ひいてはアメリカの教育そのものに興味がわいてきました。

そんな折りに冒頭の会話でした。よって大学院選びは精神保健だけでなく教育分野にも広がりました。そして偶然にも目に留まったのがミルズ・カレッジ（Mills College）の「チャイルド・ライフ」（Child Life）という専攻でした。これは教育学部の中にありました。私が手にしたこの大学院案内には“Child Life in Hospitals and Other Settings”と書いてありました。さらにその説明として、「トラウマを受けた子ども、受ける可能性のある子どもを病院または地域でケアする」となっていました。この数行を何度も読みました。そして私は気持ちを決めました。漠然としたところも多かったのですが、自分の第六感が決断しました。これを学ぼうと。半年後、大学院生になっていました。三十六歳になったところでした。

ミルズ・カレッジでの一番の収穫は、子どもとは何か、子どもと大人の関係はどうあるべきかという究極の命題へのアプローチの仕方を学んだことでした。子どもはからっぽの器ではなく、キラキラした宝石の入った宝箱だということ。子どもと大人は対等で、物事は相談して決めることが重要であることなどを学びました。この構成主義（Constructivism）に基づいた理論が私のチャイルド・ライフの理念の基盤になりました。実際のミルズでの学びと病院実習に関しては拙著、『チャイルド・ライフの世界』（新教出版社）に譲ります。

大学院修了後、最初の職場は浜松医科大学附属病院でした。チャイルド・ライフ・スペシャリストなりたてホヤホヤの新米の私を受け入れてくださったのは、本郷輝明先生（現、磐田市立病院小児科部長）です。この時の本郷先生の大英断がなかったら、日本でチャイルド・ライフは始まっていなかったかもしれません。先生にはどんなに感謝してもしきれません。私は週二日、名古屋から一泊二日で通いました。勤務は三ヶ月間だけでしたが、その間にプレイルームの大改修をさせてもらったり、誕生会をさせてもらったりしました。おそらく周りのスタッフにとっては驚きの連続だったと思いますが、私にとっては貴重な学びの時間でした。

一九九八年六月から二〇〇三年三月までは名古屋第一赤十字病院で働きました。この時代の特記すべきことは日本チャイルド・ライフ研究会の設立です。二〇〇一年のことでした。この設立を支えてくださったのが、高柳和江先生（医学博士、笑医塾塾長・癒しの環境研究会理事長）、林富先生（小児外科医、宮城県立こども病院院長・理事長）、岡田弥生先生（岡田やよい歯科健診クリニック院長、ODH草の根歯科研究会主宰）らとチャイルド・ライフ・ボランティア〝ティンカーベル〟ならびに子どもの療養環境研究会のみなさんでした。

私はこの時初めて設立趣意書というものを書きました。その一部を抜粋します。

「日本チャイルド・ライフ研究会は、こどもが自分を大切にし、自分に自信を持って、自分の未来に希望を抱いて日々を幸せな思いに満たされて生きるためにはどうしたらいいかをチャイルド・ライフの考え方を軸に、医療、教育、保育、社会福祉などの現場から考え、語り合い、実践する自主研究グループです。ことに病院におけるこどもの在り方に着目し、この特別な空間において何が必要か、どんな環境がこどもを心から元気にできるのかを探求していきたいと思います。そのための理論と実践を車の両輪として展開していきたいと考えています。病院におけるこどもというのは、ある意味で特殊な状況におかれているのかもしれません。しかしこの極端におとな中心の社会において、こどもが生き生きとよろこんで生きることのできる方法論が見いだせるのであれば、それは他の状況においても必ず参考になる鍵を秘めているはずです。日本のこどもたちのために、ひいては地球上のすべてのこどもたちのために、足元からまず一歩を踏み出したいと思います。」

この理念は今も引き継がれ、日本チャイルド・ライフ研究会は二〇一一年四月、日本チャイルド・ライフ学会となり現在も続いています（http://cla-jp.org/）。

宮城県立こども病院の設立と運営に関わることができたのは大きな喜びです。一九九九年の三月、仙台でお話させていただいたのが始まりでした。病院の象徴でもある「お菓子の家のエレベーター」にまつわるエピソードや実際の奮闘記は、拙著『こどもにやさしい病院――わたしはチャイルド・ライフ・スペシャリスト――』(小学館)に記しましたが、今ここに改めて示しておきたいことがあります。それは、この病院が子どもを病気で亡くした親たちの魂の結晶であるということです。子どもを亡くすという生涯で最も辛い経験をした親たちが立ち上がり、「母と子の病院支援みやぎネットワーク」をつくり、雪の日も嵐の日も街頭に立ち、二〇万人もの署名を集め、県政に訴えたのでした。その中心人物のひとり、千葉裕子《ゆうこ》さんはご子息奨《すすむ》くんを九歳の時に脳腫瘍で亡くされました。千葉さんは家族の立場で「県立こども病院建設・運営検討会議」の委員を努められました。この千葉さんたち、子どもを亡くした親の立場のみなさんの熱意と祈りなくして、現在の宮城県立こども病院は存在し得なかったと思うのです。

二〇〇七年から東京・築地の国立がん研究センター中央病院小児腫瘍科で働きました。ここでは網膜芽細胞腫や横紋筋肉腫などを患いながらも懸命に生きる子どもたちに出会いました。そのうちのひとりが就印優莉亜《しゅういんゆりあ》さん。出会った時、小学校三年生だった彼女も現在は高校一年生。先日、偶然にも新聞紙上で見かけました。記事には、「優莉亜さんが1人で緊急のCT検査を受けたとき、CLSの女性が「大きなドーナツの中に入ってお写真を撮るのよ」と説明してくれ、安心できた」（二〇一四年一二月一九日朝日新聞）とありました。あの小さな関わりを覚えてくれていたことに驚きました。そして彼女は将来、「病気の子どもを支援する仕事につきたい」と言っています。

この時期は、がんセンターの同僚たちとレモネード・クラブを作った時期でもありました。これは、拙訳書『ちっちゃなアレックスと夢のレモネード屋さん』（戎光祥出版株式会社）のアレックスからアイディアをもらって立ち上げた、小児がんの子どもを支援するグループです。その設立過程は、漫画家のたちばないさぎさんが「レモネード色の未来――小児がんと言われて――」（白泉社「Silky」九月号増刊二〇〇七年）に描いてくださいました。（この作品は昨年、「15の愛情物語」（メディアックス 二〇一四年十一月号）に一部修正して再掲載されています。）このグループはその後、NPO

法人小児がん治療開発サポート（SUCCESS）に引き継がれています。

千葉県こども病院に勤務していた二〇〇八年〜二〇〇九年は、同時に聖路加国際病院でも仕事をしました。その対象は子育て世代のがん患者さんでした。同病院小児科医長、小澤美和先生の呼びかけで、私を含む三人のチャイルド・ライフ・スペシャリストが交代で勤務しました。おもに入院中の乳がん患者さんに接していましたが、時には緩和ケア病棟から声がかかり、患者さんの病室に出向き、幼い子どもたちと遊びました。同時にハンドプリント作りなど予期悲嘆に対応する関わりもさせてもらいました。

この時代は、病院勤務の傍ら二つの団体の立ち上げに微力ながら関わる機会を得ました。ひとつは、「Hope Tree（ホープツリー）〜パパやママががんになったら〜」です。二〇〇八年七月、アメリカのM・D・アンダーソンがんセンターのチャイルド・ライフ・スペシャリスト、Martha Aschenbrenner（マーサ・アッシェンブレナー）さんの来日講演がありました。実はこのマーサさん、私のチャイルド・ライフ実習の指導者だったのです。およそ十年ぶりの再会に私はたいそう喜び、また不思議なつながりを感じました。その後、この講演会がきっかけとなって有志が集まり、Hope Tree（ホープツリー）ができました。私はたいした貢献はできませんでしたが、このグループの名前を「Hope Tree～パパやママががんになったら～」と提案させていただくことはできました。このマーサさんからは、本文中に何度も書いた「三つのC」や子どもへの説明の仕方、言葉の選び方を習いました。大変感謝しています。

特記すべきもうひとつの団体は、子ども療養支援協会です。二〇〇八年、日本で活動中のチャイルド・ライフ・スペシャリスト（CLS）とホスピタル・プレイ・スペシャリスト（HPS）の有志が集まり、話し合いを重ね、日本においても同種の職業を創ることに合意しました。目的は、子どもの人権が守られた小児医療の提供をめざすこと、そのための新しい職種「子ども療養支援士」の教育・養成制度を整えることでした。当協会は二〇一〇年に設立し、その後、毎年着実に子ども療養支援士を輩出しています。二〇一四年三月時点で累計十三名が子ども療養支援士として認定されました。そのうちの三名は、北海道大学病院で実習生として学びました。私は設立当初は副会長・理事、現在は諮問委員として関わっています。

やがて自身の六年半の単身赴任生活に終止符を打ち、二〇〇九年夏、北海道へ移りました。公にはしませんでしたが、仕事を辞めた一番の理由は愛犬チェリーの病気でした。春の時点で肝臓に大きな腫瘍が見つかり、余命三ヶ月と言われました。子どもたちに幸せをくれたチェリーの最後はきちんと看取りたいと思っていました。この時からチェリーは毎日私と一緒でした。朝晩一時間ずつ散歩をし、好きなものを食べ、宣告された余命をはるかに超えて一年以上も元気に生きました。

愛犬の死から三ヶ月後の二〇一〇年十一月、私は手稲渓仁会病院で働き始めました。所属は小児NIVセンターという呼吸管理の必要な子どもをケアする部署でした。こちらでの在宅医療と平行して関わったのが、子育て世代のがん患者サロン「さくらんぼ会」の立ち上げでした。

同様の集まりを、数ヶ月後には北海道大学病院でも始めることになりました。この病院の腫瘍センター緩和ケアチームの一員となった私は、勤務開始一ヶ月後の二〇一一年五月、腫瘍センターの業務のひとつとして、「わかばカフェ」を始めました。ここには子育て世代のがん患者さんが集いました。最初はほんとに一人から。次第に人数が増え、三年後には平均十名以上になっていました。笑いあり、涙ありの二時間。私も仕事ではありましたが、人生で大切なことをたくさん教えてもらいました。

そのわかばカフェの中で繰り返し話題になっていたのが「子どもとの付き合い方」でした。

病気になったとき、抗がん剤や放射線の影響で髪が抜け始めたとき、再発したとき、もうこれ以上治療薬がないと言われたとき、その事実をどうやって子どもに伝えるか、どう接していけばいいのかが話題になりました。私はみなさんの話に耳を傾けながら、参加者の背後にいる子どもたちに会いたいと強く思うようになりました。そして二〇一二年夏、「ことりカフェ」（がん患者の親をもつ子どものピアサポートグループ）を開始しました。厳しい現実を生きるためには仲間が必要です。それは大人であっても子どもであっても同じです。普遍性は孤独感を軽減するといわれています。ことりカフェに集まった子どもたちが、「つらいのは自分ひとりじゃない」と知って生きる希望を持ってほしいと願ったのでした。わかばカフェ、ことりカフェは、私の退職後も後任スタッフによって運営され、今日に至っています。

本書のパート1は、北海道大学病院での出会いを中心に書いたものです。振り返れば、お名前を挙げきれないほど多くの方々にお世話になりました。まずは北海道がんセンター腫瘍整形外科医長の平賀博明先生。がんセンターにおいて、「子育て世代のがん患者とその子ども」の講演をアレンジしてくださいました。これが北海道における活動の始まりでした。短い期間ではありましたが、在宅医療の貴重な視点を教えてくださった手稲渓仁会病院小児NIVセンター長（現、医療法人稲生会生涯医療クリニックさっぽろ院長）の土畠智幸先生。北海道大学病院へ助教としてお招きくださり、在職中も大変お世話になった、当時の北海道大学病院病院長の福田諭先生。同病院腫瘍センター長の櫻木範明先生、同腫瘍センター副センター長の小松嘉人先生。同腫瘍センター緩和ケアチームリーダーの田巻知宏先生。在職中に、貴重なアドバイスをくださった現北海道大学病院病院長の宝金清博先生。わかばカフェやことりカフェを応援してくださった乳腺・内分泌外科の山下啓子先生、同、細田充主先生。笑顔で支えてくださった看護師のみなさま。細かい業務を一手に引き受けてくださった事務部門のみなさま、希望の星、わかばカフェのみなさま、可愛いことりカフェの子どもたち。ありがとうございました。

チャイルド・ライフは北米まで行かないと勉強できないというのが常識でしたが、実は日本でもチャイルド・ライフの講義は行われていました。九州大学大学院統合新領域学府で「チャイルド・ライフ・スペシャリスト論」が二〇一〇年に始まり、私も講師の一人として集中講義を担当しました。発足当初から五年間、約四十人の学生にチャイルド・ライフのエッセンスを伝えることができました。このような貴重な機会を作ってくださった、九州大学大学院教授の南博文先生、同客員教授の目黒実先生に心より感謝申し上げます。

二〇一四年六月、北海道大学病院退職後、この書物をまとめるかたわら、またひとつ新しいことを始めました。それは、「グリーフサポートグループにじ色カフェ」というものです。カフェシリーズ第三弾になりますが、今回は病院の中ではなく地域における活動です。北海道大学病院在職中、少なくない数の患者さんを天に見送る中、残された子どもたちのことが気がかりでした。その子どもたちにやっと声をかけられる状況になりました。にじ色カフェは二〇一四年秋に始まったばかりですが、有志のみなさんと一緒に細く長く続けていきたいと思っています。

本著のパート2、パート3は、既刊のエッセイや講演集に加筆修正したものです。パート2の「二歳の主張」、「三歳の告白」、「普通のおかあさん」は、『母の友』（福音館書店）の二〇一二年一、二、三月号、「コップの法則」以下は、『ファミリス』（静岡教育出版社）の二〇一〇年五～十一月号が初出です。パート3は二〇〇九年に東京で開催された講演の記録です。聞き手は養護教諭の方々でした。これは、二〇一〇年東山書房発行の第49回学校保健ゼミナール講演集が初出です。

さいごに、美しい表紙の絵を描いてくださったイラストレーターの三井ヤスシさんに心より感謝申し上げます。そしてつねに温かく支えてくださった新教出版社の小林望さん。大変お世話になりました。ありがとうございました。

雪深い早春の札幌にて

藤井あけみ

藤井あけみ

チャイルド・ライフ・スペシャリスト（Child Life Specialist：CLS）。横浜市出身。青山学院大学文学部史学科卒。1997年Mills College大学院チャイルド・ライフ課程修了。帰国後、浜松医科大学附属病院、名古屋第一赤十字病院、宮城県立こども病院、国立がん研究センター中央病院、聖路加国際病院、千葉県こども病院、手稲渓仁会病院、北海道大学病院にCLSとして勤務する。九州大学大学院統合新領域学府非常勤講師、北海道大学病院助教を歴任。2001年、日本チャイルド・ライフ研究会を設立し代表をつとめる。著書に『チャイルド・ライフの世界』（新教出版社）、『生きる歓びアゲイン』（共著、医歯薬出版株式会社）、『医療における子どもの人権』（共著、明石書店）、『こどもにやさしい病院』（小学館）、『幸福のレシピ』（新教出版社）。訳書に『いのちの時間』（新教出版社）、『ちっちゃなアレックスと夢のレモネード屋さん』（戎光祥出版株式会社）がある。『クローズアップ現代』（2001年）、『とくダネ！』（2004年）、『福祉ネットワーク』（2008年）、『News ZERO』（2009年）他多くのTV番組に出演。

パパやママががんになったら
チャイルド・ライフの出会いから

2015年2月28日　第1版第1刷発行

著　者……藤井あけみ

発行者……小林　望
発行所……株式会社新教出版社
〒162-0814 東京都新宿区新小川町9-1
電話（代表）03 (3260) 6148
振替 00180-1-9991
印刷・製本……モリモト印刷
ISBN 978-4-400-52710-7 C1016

藤井あけみ著

チャイルド・ライフの世界

こどもが主役の医療を求めて

大人の論理や視点から行われてきた小児医療のあり方に問題を提起し、こどもの心のケアの重要性を訴える。著者は日本におけるチャイルド・ライフ・スペシャリストの開拓者として活躍。

Ｂ６判・１５２頁　本体１９００円

藤井あけみ著

幸福のレシピ

チャイルド・ライフの世界より

チャイルド・ライフ・スペシャリストの働きを日本に紹介した著者が、病棟現場での様々な出会いと別れを通じて考えたことを、しなやかな感性で綴ったエッセイ集。

B6判・128頁　本体1400円

B・メロニー著／M・イングペン絵／藤井あけみ訳

いのちの時間

いのちの大切さをわかちあうために

すべての「いのち」には始まりと終わりがある。動植物の姿を通して、いのちの「始まり」と「死」、そしてこの二つに挟まれたかけがえのない「生きる時間」を静かに語る絵本。A・デーケン氏推薦。

A5変型判・40頁　本体1500円